孔夫子与机器人
科技文明中人类的未来

Confucius et les automates
L'avenir de l'homme dans la civilisation des machines

［法］常博逸 Charles-Edouard Bouée ／著
［法］弗朗索瓦·罗歇 François Roche ／执笔
袁粮钢 ／译

海天出版社（中国·深圳）

图书在版编目（CIP）数据

孔夫子与机器人：科技文明中人类的未来 ／（法）常博逸著；（法）弗朗索瓦·罗歇执笔；袁粮钢译.——深圳：海天出版社，2017.6
（大家译丛）
ISBN 978-7-5507-1856-2

Ⅰ.①孔… Ⅱ.①常… ②弗… ③袁… Ⅲ.①科学学 Ⅳ.①G301

中国版本图书馆CIP数据核字(2017)第002898号

版权登记号　图字：19-2016-021号
Confucius et les automates
L'avenir de l'homme dans la civilisation des machines
by Charles-Edouard Bouée and François Roche
Copyright
© Editions Grasset & Fasquelle, 2014.
All rights reserved.
Current Chinese translation rights arranged through Divas International, Paris
巴黎迪法国际版权代理

孔夫子与机器人：科技文明中人类的未来
KONGFUZI YU JIQIREN：KEJI WENMING ZHONG RENLEI DE WEILAI

出 品 人	聂雄前
责任编辑	林凌珠　岑诗楠
责任校对	韩海彬
责任技编	蔡梅琴
封面设计	知行格致

出版发行	海天出版社
地　　址	深圳市彩田南路海天综合大厦　（518033）
网　　址	www.htph.com.cn
订购电话	0755-83460239（邮购）　83460397（批发）
设计制作	深圳市龙瀚文化传播有限公司　0755-33133493
印　　刷	深圳市华信图文印务有限公司
开　　本	787mm×1092mm　1/16
印　　张	12.75
字　　数	120千
版　　次	2017年6月第1版
印　　次	2018年1月第2次
定　　价	38.00元

海天版图书版权所有，侵权必究。
海天版图书凡有印装质量问题，请随时向承印厂调换。

中文版序

当我想帮助客户拓宽视野、思考未来的发展走向或推动业务转型时,最好的办法就是带他们来中国走一走。这一招可谓屡试不爽:中国之行能够让那些耽于僵硬的固有思维、想寻求突破的人破茧重生,帮他们重拾创意,并对工作充满热情。

在中国的经历是我职业生涯与日常生活的重要组成部分。在我来中国生活之前,我就已经为诸多大型中国企业提供咨询服务,并从中获得宝贵的经验。中国与西方的商业环境截然不同却又异曲同工,我一直努力对此进行更深入地理解和学习。

我很快就意识到,很多欧洲人对中国有误解,觉得中国只是一个超大规模的"世界工厂",并且威胁到了欧洲企业的利益。这种想法大错特错,我认为每一位精英都不应忽视中国这个巨大经济体的发展,所以我一直努力提高欧洲商界领袖对中国及其企业与企业家的认识。

我试着在《孔夫子与机器人》这本书中刻画出未来的世界，彼时机器与人工智能已推动我们的经济与社会发生深刻变革。我相信，中国将成为世界舞台上的关键角色，且现在已经展现出这种发展势头，它正大踏步走在经济与工业强国的路上。这本由欧洲作者所著的书给了中国读者一个全新的视角，即欧洲商界领袖们如何看待中国，以及他们所预见的未来、中国在未来所处的地位。

在我以前的书[①]中，我曾讨论过中国领导者独特的管理风格。以儒家与道家为基础的传统价值观、中国政府的奋斗目标与市场经济规则相辅相成，共同催生了一种前所未有的管理模式，这种管理模式建立在共同愿景与灵活战术的基础之上，而非依赖于制定明确的战略并严格执行战略方案。在这个越来越动荡、无常、复杂与模糊的世界，中国的管理模式对西方企业领导人而言极具启发性。

从低人力成本到低价产品出口再到开创新的消费模

---

① 常博逸：《中国的管理革命：精神、土地、能量》，麦克米伦出版公司，2011。

式，过去20年，中国的企业不仅经历了翻天覆地的变化，也成功地适应了国际环境。中国企业懂得驾驭复杂环境，正是我所研究的"轻足迹"①企业的典型代表，我认为这样的企业前途不可限量。我经常用冲浪运动员来比喻中国的经理人：他们把握前进的大方向，借助潮流，因势利导而不受约束；保持（自身优势与优先目标之间的）平衡，随时优化战略；居于浪尖潮头，保持竞争优势。中国企业不期待千变万化、无法预测的环境能够稳定下来，而是针对不同的阶段开发战略，创造新的发展机遇。这对西方领导人或企业家而言非常有借鉴意义。

最重要的是，如今，中国在改变世界的技术革命中发挥着主要作用。自动化、数字化与人工智能正在颠覆人们生活、工作、消费与交流的方式。这正是本书的主题，而中国已经赢得先机。中国企业的新技术已开始快速发展，取得了令人瞩目的成果，在机器与机器人的应用领域也居于前列，以此抵消人工成本上涨的影响。如今，诸多西方企业努力将业务转移到其他地区，这个问题也正是

---

① 常博逸：《轻足迹管理：变革时代的领导力》，中信出版社，2014。

企业进行自我反思的核心所在。在高科技产业中，中国是唯一能与硅谷展开竞争的国家。如今，中国的百度、阿里巴巴与腾讯正在对标谷歌、苹果、脸书（Facebook）和亚马逊这样的公司。中国政府也将人工智能作为战略重点，大量资本正在涌入；医疗健康、新能源、机器人与新材料等领域的初创企业也在蓬勃发展。

中国走在这次变革的前列，同时也在不断发扬其几千年来的哲学与文化精髓去开创未来。对此，我心怀敬佩。尤其是在这样纷繁复杂的环境中，人类，也只有人类，才能运用智慧追本溯源，找到生命的意义。儒家思想在当代中国仍极富生命力，在纷繁的世事中为中国人民指引方向。所以，我将此书命名为《孔夫子与机器人》，因为中国以古为鉴、把握未来的能力会为我们拨云见日。本书是我们探索未来的良伴。毋庸置疑，在求索的道路上，中式智慧将为我们点亮指路的明灯。

常博逸
2017年5月

目 录

引　言　"天下大乱……
　　　　　英雄无用武之地。"　　　　　　／ 001

第一章　"兵之所加，如以碬投卵者。"　　／ 017
　　　　"梅里马克"和"莫尼特"战例　　　／ 020
　　　　V.U.C.A.世界　　　　　　　　　　／ 024
　　　　"轻足迹"理论　　　　　　　　　　／ 029
　　　　经济不完全是战争，尽管……　　　／ 039
　　　　明天，我们将在什么样的企业工作？　／ 044
　　　　中国企业是"轻足迹"模式吗？　　　／ 048
　　　　三藏游记　　　　　　　　　　　　／ 052

第二章　"机器会狂虐不爱它们的人。"　　／ 055
　　　　从家庭到医院，机器人无处不在　　／ 065
　　　　2030年至2050年的机器人世界　　　／ 073

工业4.0，悄无声息的革命 / 078
工厂不久将进入"云"端 / 089
三藏游记 / 098

第三章 "事实上，私生活极可能只是一种异常。" / 103

互联网，私人财产…… / 107
谷歌，机器人与温度调节器 / 111
希施豪恩定理 / 116
大数据海啸 / 120
互联网与交易负成本时代 / 132
三藏游记 / 136

第四章 "未来的目标是彻底失业，所以，我们可以放心去玩……" / 139

我上网，所以我是…… / 142
再也不会死亡了吗？ / 154

什么样的活？为谁干？ / 157
"轻足迹"与明天的人类 / 171
重温人类的智慧 / 176
三藏游记 / 183

结　论　法国会是"第四产业"的乐园吗？ / 187

引 言

"天下大乱……
英雄无用武之地。"

(中国格言)

"未来是可以战胜的;我们不坐等未来,我们创造未来。"这一充满自信的宣言出自乔治·贝纳诺斯①。他在不同的作品中预言了世界的一些变化。尤其是在1947年出版的《法国反对机器人》一书中,他看到了它们对人类自由的限制,告诫人们警惕技术和机械化带来的危险。然而,进一步观察,是否就能确定人类能够"创造"未来呢?50多年前或许具有某种意义的事情,今天是否仍具有现实意义?在这个各种技术日新月异、时间加速的时代,"战胜"未来意味着什么?即便是解析当今,我们都深感力不从心,又怎么能不怀疑我们"创造"未来的能力!

当然,我们仍要迎接贝纳诺斯提到的挑战,打开通往人类未来的通道。如果不能战胜它,至少要理解它,能够

---

① 乔治·贝纳诺斯(1888—1948),法国作家。

适应它，左右它。今天，如何绘制未来世界的蓝图，并在新的领土上标出人类的路径？在贝纳诺斯的时代，人类的未来掌握在政客和工业巨头的手中。世界列强瓜分了当时的土地，他们的创造才能和破坏力催生了20世纪的世界，新掠夺的土地（即"殖民地"）被用于维持西方经济的工业和资本机器运转。那是一个劳工世界，无论是德国、美国或法国的工人，还是非洲或印度支那的农民，都是用自己的双手创造价值。工业或金融巨头的作用是充分利用这种人类资本，对"进步"，对城市、工厂、基础设施、军工建设进行投资，让每个国家在面对竞争对手时都能够保持队形，在尽可能有利的经济条件下，随时准备获取"殖民地"的资源。用时髦的话说，这并不完全是一个"仓储"世界，因为人们在交流财富和思想。但促使国家强盛的愿望是拉动人类战车的真正力量，而这股力量却险些将人类摧毁。在20世纪80年代之前，创造国家财富的是体力和脑力劳动大军。那是一个按员工人数衡量企业实力的时代。技术进步改变了生产要素和人类劳动，但仍是人类控制机器，白领和工人管理"行政办公室"，即便他们需要借助电脑。这是一场美妙的革命，阿尔弗雷德·钱德勒在他的畅销书《看得见的手》中进行了精辟的解析，这只"看得见的手"就是管理者。

人类完全处在经济和工业活动的中心，最杰出的大脑不断地想出新办法来组织劳动，使其更加合理，提高劳动效率和生产力。美式"管理"（这一概念诞生于19世纪中期的美国铁路公司，即1841年10月5日伍斯特和奥尔巴尼之间的路段突发意外事故后）其方式和权威成了一种普遍模式。刚开始是泰罗制①和专业化，追求"卓越"、精益生产（"零缺陷"和"零库存"）、矩阵结构、倒金字塔、动态管理（管理者突然出现在生产中心，及时纠正不合理的安排）便是其中的一些模式。这些模式在20世纪80年代曾引起众多理论家的关注。但这一直是人的工作问题，正如很多公司在报告中声明的那样，人一直"处在企业项目的中心"。在一种稳定而可预测的环境中，这些办法似乎效果不错。准入门槛（为进入一个新市场而实施的整体办法）实际上成了第一竞争优势，哈佛商学院教授迈克尔·波特在20世纪80年代已将其理论化②。

　　接着，这种并非没有冲突也并非天衣无缝却保证了西方世界及其企业获得绝对统治地位的美妙布局逐步开始

---

① 泰罗制由美国工程师弗雷德里克·泰罗发明，其做法是挑选企业中最强壮、最灵巧的工人，用最快速度工作，根据其效率确定全体工人的劳动定额。
② 迈克尔·波特：《竞争优势》，自由出版社，1985。

动摇。能源成本上升、贸易全球化、金融资本主义异军突起、技术进步加快等一系列突变，动摇了我们的经济赖以存在的基础。新的信息技术又催生了美国前副总统（今天披上了未来学家的外衣）戈尔所谓的"大地公司"①。这是一个完全一体化、互连互通的世界，在那儿，"我们如此熟悉的国家政策、地区战略和经济理论再也无法与革命性技术带来的变化相提并论"。戈尔还告诉我们，这些变化"与人类史上迄今发生的变化没有任何相似之处"。国家间的竞争不再是争夺新的领土，而是争夺未来技术的掌控权，争夺将本国变为全球金融大国的优势。只要观察一下类似美国、日本、中国、德国这些国家用于加强科技竞争力的庞大资源，就能意识到科技领域将成为战场，是赢得未来利益的关键所在。可以预测，在未来数年，金融和科技将是世界财富的最大来源，前期征兆已经出现。2013年，全世界的上市公司贡献的红利超过1万亿美元，这在全球资本历史上还是首次。这一红利比2009年提高了超过40%，两大主要贡献者是银行和技术公司。在这种背景下，我们对世界50家市值最大的上市公司中只有一家欧洲高新技术公司（沃达丰）这种状况深感担忧，而美国有10

---

① 阿尔·戈尔：《未来》，马蒂尼耶出版社，2013。

多家（其中包括苹果和谷歌），亚洲有2家（中国移动和三星电子）[①]。

当美国西部的印第安部落目睹蒸汽火车穿越领地时，他们便意识到，他们的世界即将消失；当汽车侵入城市时，出租马车及其他马力车主人便意识到，他们的职业即将结束，一些未来学家提到的伦敦这类大城市的街道被越来越多的粪便淹没的噩梦也渐渐消失。这些技术突破是看得见的，甚至是令人震惊的，几乎可以瞬间改变人类和货物的流通方式。

技术突破是我们这个时代的特征，未来将更加明显，其性质与过去完全不同。它们几乎看不见，而且是逐渐扩散的（我们需要很多年才能感受到互联网或新的通信技术带来的变化）。这一变化出现了两个高潮：第一个是21世纪初的兴奋期，第二个是类似于脸书（Facebook）和谷歌这类主角的常态化、扩张和逐步占据统治地位的阶段。这些技术突破互相结合，影响日益扩大，在全世界，包括在企业和家庭中，它们都给人以这样的印象，似乎一切都失去了掌控，我们如同一个新手，将失去对现有发明的控制。因为出现在我们面前的，似乎是一种没有人真正考

---

① 《全球上市公司100强》，普华永道，2013年6月，第100页。

虑过的局面：人类不再是问题的解决者，而是日渐成为问题、羁绊和潜在的"瑕疵"。经济全球化导致美国和欧洲工业的核心工作大规模非本地化，纷纷转移到亚洲新的工业化国家。全球大型企业提供的最低小时工资（往往符合灵活的劳动法）已动摇了发达国家经济和社会的根基，导致社会成本急剧上升，在欧洲尤其明显。这一时期，一个新的大国诞生了，它便是中国。汉学家们认为，中国实际上只是恢复了19世纪中叶前它一直拥有的地位，当时中国的国内生产总值是世界各国中最庞大的。从1830年开始，中国进入新的300年循环期——1830年至1930年，受辱世纪（鸦片战争、日本入侵）；1930年至2030年，复兴世纪（中华人民共和国诞生、20世纪80年代的改革开放、21世纪的经济腾飞）；2030年至2130年，新的黄金时代（习近平倡导的"中国梦"和新的机器时代）。今天，中国正成为未来的全球第一经济大国，它将改变世界的平衡，因为在中国崛起的同时，作为政治和军事大国的美国却在衰退。

如果这一切还不够，未来几十年我们将面对高速发展的机器人化和自动化，届时人们将目睹机器与智能的完美结合，这将强烈并且全面质疑人类在生产乃至决策过程中的作用，以及人类在这一过程中的附加值和可靠性。

因为机器人已被松绑，走出笼子，走进了我们的生活，提醒人们它们将承担起越来越复杂的任务。它们很聪明，而且将越来越聪明。它们之间能够交流，相互配合，与互联网世界相连。大部分东西是我们看不见的，如传感器、微型摄像机、搜索引擎、计算机软件、纳米引擎、智能芯片等，这些东西将装入机器、生产流水线、电脑、人体和日用品中。它们相互连接，成为一片虚拟的天地，我们将生活在其中。未来，它们将进入什么样的企业，从事什么样的工作？这些问题是开放的，但必须承认，今天很难做出明确回答。"未来的特征将是电脑与人类之间的竞赛，人类必须全力以赴才能获胜。"在2014年1月的达沃斯世界经济论坛上，谷歌董事会执行主席埃里克·施密特进行了以上预测。英国《经济学人》[①]周刊在对机器人进行特别报道时，找到了一个恰如其分的说法，称机器人是"来自未来的移民"。

本书构思成一次旅行，即在我们开始发现的新大陆上进行一次长途跋涉。既然眼下时尚的是中国，就像18世纪时尚的是欧洲，最好还是将我们的长途跋涉与公元7世纪中

---

① 《经济学人》2014年4月29日—5月4日。

国僧人玄奘去印度取经进行对照。玄奘既博学又足智,他将657卷经书带回自己的国家并译成汉语,其中包括大量佛经。中国古典文学杰作《西游记》对此行作了详细描述,该神话小说创作于明朝,于16世纪面世。《西游记》深受中国人喜爱,其中包括毛泽东。它是民间文学的巅峰之作,粗犷而妙趣横生,人们常将它与《爱丽丝梦游仙境》进行比较,几乎每个中国孩子都知道它。该书还被拍成了电视连续剧,并大获成功。小说自始至终贯穿着各种难以置信的危难,情节曲折,扣人心弦,无论是大人还是孩子都被深深吸引。关于该书,还有大量学术诠释,其法文译者雷威安在"七星文库"①中这样写道:"总之,这是一本奇特的作品,既挑战理性,鼓励打破成规,又不在意自身矛盾。"怎样才能用几段话概括这部浩瀚之作呢?

很久以前,有只猴子从一枚天地孕育的仙石中破壳而出,带领群猴进入水帘洞,被尊为"美猴王",后"收降七十二洞邪魔,手下有四万七千群怪"。在失势和降级前,他曾是"宇宙之王",经过与天兵天将展开多次较量,得封"齐天大圣",却又因大闹天宫,被如来压于五行山下悔过自新。之后,菩萨介入并发现,中国所处的南

---

① "七星文库",伽利玛出版社,1991。

瞻部洲的芸芸众生需要道德革新，于是开始寻找一位朝圣者去印度取经，将经书带回国。玄奘和尚自愿前往，人们给他取名"三藏"。但西域之行危机四伏，菩萨及其助手为他挑选了旅伴，以保护他免受歹徒和各种妖魔鬼怪的侵害，顺利到达目的地。因为无论是谁，只要吃了三藏的肉便可长生不老。三藏的贴身保镖包括被放逐到鹰愁涧、后变为白马的小龙敖烈，吃的比产的多、岳父想将其扔掉的怪物——高老庄的女婿猪八戒，老实低调的弟子沙和尚；孙悟空也在这一行人中。四名朝圣者和白龙马启程前往西域。三藏告诉弟子们，几年后当洪福寺门前的松树枝头转向东方时，便是他们归来之日。

于是，漫长的西天之行开始了，一路经历了千难万险，包括遭劫与解救、斗智斗勇、寺庙休整、战胜群魔妖怪。在这一过程中，孙悟空尽展魔术师、杂技演员和斗士的十八般武艺及才智。朝圣者们求助于各路神仙，救出500名沦为苦役犯的僧人，逃出水龟石匣，将扮成美女的妖怪白骨精打回原形变成一堆白骨，逃过食人魔的吞食，降伏乱石山碧波潭、手持月牙铲的九头虫……朝圣者们一路历经了九九八十一难，当松树枝头转向东方，他们在外度过14个寒暑后回到弘福寺。三藏带着弟子们和白龙马升天，来到唐太宗面前，背诵西天取来的大藏真经，可谓是：灵鹫峰头聚霞彩，极乐世界集祥云。

该书围绕求取真经、域外历险的艰难旅程展开，想打开视野、探究世间万象的人们将面对九九八十一种磨难。孙悟空或许是骁勇善战、足智多谋的化身，危难关头以机智、变身术和创造性力挽狂澜，在食人魔、怪兽和其他妖魔鬼怪中杀出一条血路，毫发无损地完成了一次看似不可能完成的历险。

我们正在进行的未来之旅、发现之旅与三藏之旅十分相似，同样充满威胁、不确定性，到处是陷阱和隐患，妖怪和食人魔随处可见。

整个旅程必须有一张地图，类似13世纪标明大量未知领域的地图。如果我们按照古人的方式标注"未来"这块土地，它将包括新的空间，成为一门前所未闻的地理学，它与陆地、国家、海洋的传统绘制方式完全不同。我们可以将这些新的疆域看作是潜意识的，因为它们不同于传统的地理学，但以不可见的方式涵盖它。传统的地理学多研究已知领域，很少涉及未知领域。

我们即将游览的世界是什么样子？它处于一个浩瀚的海洋，没有明显疆界，只有人类和机器产生的上千亿个数据。海量数据的处理和归类将很快超出人类智能的管控和极限。科学家们甚至无法再跟踪整个系统、机器、电脑、超级计算机等，以及人类上网或使用支付卡产生的数据量。让我们记住2010年夏天跨越的一个不可逆转的阶段：当时一天产生的数据量超过了之前整个人类历史上产生的数据量。为了统计数据量，仅仅几年时间，我们已从TB（万亿字节，太字节）发展到ZB（十万亿亿字节，泽字节），到2020年年末，我们将采用YB（一亿亿亿字节，尧字节）。总有一天，人类产生的数据量将达到可观测宇宙的体量，达到800尧米，只有达到光速计算的机器人才能从中筛选出有用信息，也许还需要其他机器人或人类的帮助。谁知道呢？

在这张未来领土的地图上，机器人和自动化设备、自动化工厂、信息服务器和计算机"园区"处于有利地位，设备的冷却需要大量能源，仿佛一块对人类充满敌意的巨大浮冰，"驻扎"着一支由自动设备或类人类组成的庞大队伍。它们只听从一小撮人的命令，如数学家、计算机专家、顶级程序员，他们将是未来劳工世界的贵族。这块浮冰将与物联网隐身世界完全连接，物体的数量比人类要多两三倍，它们彼此间保持持续交流，将我们团团包围在一张错综复杂的信息交换网和监视网中。

这个新世界的中心就是"第七大陆"，也就是完全私有化的网络空间，由"食人妖"G.A.F.A.（谷歌、苹果、脸书和亚马逊)独占。这个特殊的妖怪有四个头(谷歌地图、苹果应用商店、脸书社交平台、亚马逊商城)和不计其数的子孙后代。这个妖怪驻扎在曾经不受约束的互联网领地,并让该领地遵守其规则,饱享人类提供的充足且免费的食物,通过他人建立并出资的巨大人工肺脏(电信网络),将这些食物变成黄金。它的中国"表兄弟"B.A.T.①(百度、阿里巴巴、腾讯)则如同一只蝙蝠(一种在中国特别受宠的动物,寓意为福),统治着"第七大陆"的东部并且正在进行一场残酷的竞争,波及包括银行在内的所有经济领域。

在这个受"第七大陆"巨头控制的机器人和物体联网的未来世界,人类将处于什么位置?这既是一个重要的问题,更是一个令人担忧的问题。自动化将创造就业和新的岗位,而它将取代的岗位,我们今天仍难以想象其范围有多广。很多科研人员已开始研究这一问题,他们认为,凯恩斯就"技术性失业"(指由于技术进步所引起的失业)进行的研究具有现实意义。牛津大学研究人员(卡尔·本尼迪克特·弗雷和迈克尔·奥斯本)于2013年9月发表了一份研究报告,细数了自动化对美国702种职业的影响。他们开

---

① Bat在英文中有"蝙蝠"的意思。

门见山地提醒道，技术影响职业的问题并非新鲜事，它已成为整个欧美经济史的特征。作者甚至引用了这一具有启示性的故事：1589年，一个名叫威廉·李的人发明了缝纫机，并将其运往伦敦，向伊丽莎白女王进行展示，深信女王一定会奖赏他天才般的发明。然而，女王却严厉地批评他说："李先生，你要考虑一下这部机器将对我的贫困臣民产生什么影响。这会使他们失去工作，进而毁了他们，将他们变成乞丐。"听完这番话，威廉·李感到十分惊诧，他因此成了针织品制造商行会的死敌，只得带着自己的发明离开英国前往美国。弗雷和奥斯本在结束自己的论证后，得出了这样的结论：未来10至20年[①]，美国47%的职业将面临自动化的风险。罗兰贝格管理咨询公司提供的数据表明，法国42%的职业面临此类风险。

我们有理由相信，发生在美国的情况同样会出现在欧洲或中国。中国将很快就不再是劳动力低廉的国家，中国的企业已进入自动化的活跃期。可以想象，人类将分成三大类，居住在不同的社会领域。无疑，他们中的大多数人不会操控自动化设施，他们将形成一个庞大的社区，我们

[①] 卡尔·本尼迪克特·弗雷、迈克尔·奥斯本：《未来的就业：哪些职业最易受到计算机自动化的挑战？》，2013年9月17日，http://www.oxfordmartin.ox.ac.uk/downloads/ academic/The_Future_of_Employment.pdf。

可以将其称为"第四产业",这是一个有待发现疆界的广袤平原。我们将在这里找到因自动化而失业的人们,他们将投身到新的活动,从事诸如电子游戏设计者、远程职业玩家,各种娱乐商、贸易商,为老人和病人提供服务者、修理工、工匠、网上便利店运营商、生态农民、编辑机器人稿件的报业人员、小丑、艺术家、喜剧演员、尊巴舞老师、身体和灵魂医师以及我们今天仍无概念,但未来将层出不穷的职业。总之,我们隐约看到,人类的休闲时间将超过以往任何时候。另一个社会领域居住的是被称为"运营者"的人们,他们设计、控制、投资、管理机器人大军,并收获其产生的利润,统治"第七大陆"甚至世界。他们是未来世界的诸侯和官吏,生活在具有象征意义的超大城市,那里也驻扎着军队,主要是专业人员和无人机操控者,目的是对付海盗、掠夺者、对自动设备不满并伺机出击的黑客。超级富豪将生活在某个远离他人的地方,他们是技术和原料的受益者。他们将最大限度地利用"第七大陆"产生的资本力量。

当然,这里还有智者的圣地,收藏世界思想家们的著作和灵魂,包括孔子、伏尔泰、卢梭、莱布尼茨、亚当·斯密(写《道德情操论》而不是《国富论》的亚当·斯密)。这里将汇聚大量哲学家,帮助人类传承智慧,为人类培育主要价值观，让新生事物获得意义。人类必须在这块圣地汲取足够的智慧以协调两种矛盾的现象——特别长寿和时间加速。他们会怎么做呢？我们将目睹哲学家们回归还是永远消逝？

这些新世界超越了传统地理和政治空间，它们根据与过去的等级制度完全不同的逻辑进行划分，将深刻改变人类的生存条件。它们将让我们接受的变化令我们不安，我们中的很多人对此断然拒绝。看不到世界处于变化的人为数不少，他们对这种可怕的变化大惑不解或陷入否定、孤立和自我满足中。我们不能视而不见、否认或反对而必须前行，因为我们伟大的长途跋涉已经开始，这一旅行可称为"现代三藏之旅"。让我们一起开始吧！

不过，首先要分析一下我们的出发地即今天的世界。为此，要先尝试当回军人，因为没有什么比战争的性质、实施的战略、未来技术的飞跃更能解释世界的现状。战争容不得半点闪失，为战争开发新技术而动用的资源不受任何限制。因为，它是最紧张、最激烈、最无拘无束的，从某种意义上来说是最单纯的竞争形式，是未来经济和技术对抗的先兆。

第一章

"兵之所加,如以碫投卵者。"

——孙子(中国兵圣)

历史没有留下马镫发明者的痕迹，也未留下提出成双成对使用马镫的人的印迹。它或许源于一名蒙古骑手，他想改善自己的坐骑，减少成天骑马的疲惫。而我们所知道的是，在公元3世纪，中国晋代就已普及了马镫。这是一项重大的技术飞跃，使马背上的战争发生了巨大变化。马镫可以让弓箭手在马背上保持站姿而不会摔下。使用马镫减少了骑兵的疲劳，使他们可以日行百里，军队的机动性因此得到大幅提高。骑兵蹬上马镫后，实际上能够撞倒比他重三四倍的对手。公元八九世纪，马镫进入欧洲，不仅极大地提高了骑兵的作战效率，更改变了战争规则。一些历史学家甚至认为，由于马镫提升了骑士的力量，催生了加洛林封建王朝①，因为它拥有一支在战斗中所向披靡

---

① 法兰克人的王朝，751年由矮子丕平所建。

的骑兵部队。达尼埃尔·罗歇写道："因此,中世纪骑兵战士的整体战斗力得到提升,新的战法随之出现,对农民的镇压变本加厉。这几乎是骑士和战马的一种绝对垄断。"①直到长矛出现,这种局面才得以扭转。有的长矛甚至长达6米,装着一个铁尖,佛拉芒民兵在1302年的科特赖克战役②中正是使用这一利器打败了阿图瓦伯爵的法国骑兵。1314年,苏格兰矛兵在班诺克本战胜了英格兰骑兵,导致人们对英国国王的战术提出质疑。以上两场由赤脚民兵打败号称军事专家的王族和骑兵的中世纪战争,或许是今天不对称战争的一种先兆。总之,它们标志着几个世纪来不断循环的进程已经开始。战争是一种技术竞争,这种竞争循环不变:和平年代常备不懈,战争时期迅速部署并大规模测试,冲突后进入新的试验和发明阶段,应对下一次冲突。

---

① 达尼埃尔·罗歇:《西方的马术文化》,法雅尔出版社,2008。
② 又称金马刺之战,1302年7月11日在科特赖克进行的一场佛拉芒人抵抗法国人吞并的战斗。

"梅里马克"和"莫尼特"战例

以火枪（让矛和箭失去作用）和装甲船（让如核桃壳一般易碎的木船即刻退出战场）的出现为例，我们或许可以从技术和军备竞赛的角度继续这种历史探索。在美国南北战争期间的"梅里马克"事件就是一个最好的例证，值得再提一下。

在冲突之初，南部同盟没有战舰，只能忍受联邦政府实施的封锁，无法向英国和法国出口棉花。从技术上说，南部同盟陷入绝境。但巧合的是，冲突之初，一艘新型蒸汽护卫舰梅里马克号（1855年在波士顿下水的一艘3500吨级三桅帆船，装备有40门舰炮）正在弗吉尼亚州诺福克港口维修。1861年4月，同盟军夺取了军火库和港口，诺福克人放火烧毁战舰后逃之夭夭，战舰上层着火，但火势蔓延至船体时渐渐熄灭。发明、试验……同盟军开始整修战舰，但工程师们并未保留战舰原貌，而是将它改建成一艘蒸汽船，既无桅杆，也无风帆。他们在梅里马克号（重新命名为弗吉尼亚号）上加装了5毫米装甲，使用的钢板重达725吨，这些钢板由里士满附近的特里迪加铸造厂提供，为此该厂超负荷运转了好几周。1862年2月，同盟海军接收了这艘战舰，其外形令人困惑：按目击者的说法，它就像一座"漂浮的谷仓"。虽然因船体所限，操作起来不太灵活，但该舰装备了10门大炮和一个固定在吃水线下方的鸟嘴形撞锤。1862年3月8日，梅里马克号起锚出航，由两条拖船拉着驶向伊丽莎白河道，试图冲破封锁。该舰成功撞毁了联邦军的三桅战舰坎伯兰号。舰上人员讲述说，坎伯兰号"就像蛋壳一样"破裂，船体上留下一个大窟窿，足以让"一匹马和它拉的车通过"。梅里马克号还摧毁了另外两艘联邦军的战舰，之后返港，夜间受到严密保护。在趸船上，人们开怀畅饮。但故事并未结束，技术碰撞第二天便开始了。

联邦政府通过间谍得知梅里马克号战舰改装后，于1861年8月启动了建造战列舰的招标工作，并考虑实施南方籍工程师约翰·埃里克森提出的疯狂计划。约翰承诺将用100天建造一艘平面甲板战列舰，在较低的吃水线处（即与水面齐平的地方）安装一个配备两门巨型火炮的圆柱形装甲炮塔。炮塔由8块各2.5厘米厚的装甲保护，重达120吨，由一台蒸汽机提供动力，最高速度为每30秒转一圈。该舰被命名为莫尼特号①（作为对南部同盟的警告），绰号为"疯狂的埃里克森"。1862年1月，该舰正式交付海军服役。3月6日，莫尼特号驶离纽约港，前去拦截梅里马克号，3月18日该舰抵达战区，并从次日开始与对手展开较量。这一天将作为两艘完全不同类型战舰的首次战例载入世界海军史册：一艘是设计为装甲堡垒的梅里马克号，另一艘是具有吃水浅和360度发射优势的莫尼特号。两艘战舰的互射持续了整整一天，它们都试图冲撞对方，火力强大，灵活躲避，直到晚上才鸣金收兵，返回各自基地，双方几乎毫发无损。我们忘了一个细节：两艘战舰发射的炮弹都是对付木制船体的，所以对钢甲板似乎无能为力。在接下来的日子，两艘战列舰的指挥官小心翼翼地相互避开，他们明白两艘战舰谁也占不了便宜。事实上，它们后来都面临着悲惨命运。当南部同盟不得不放弃诺福克时，梅里马克号被炸。莫尼特号的续航能力更令人不敢恭维，1862年12月31日在北卡罗来纳州的远海哈特拉斯角海域沉没。1973年，该沉没点被建成"海洋保护区"。这一天，人们明白了两个基本事实：一是木战舰技术已经死亡，二是给船体加装装甲，如果不利于战舰操作，似乎不占优势。

---

① Moniter，英语中有"监控"的意思。

如同所有的技术突破一样，汉普顿锚地海战引发了世界各海洋强国的紧张试验。鉴于莫尼特号的概念（在克里米亚战争期间，埃里克森曾向拿破仑三世推介过，但未成功）优于竞争对手，其复制品几乎四处开花（50艘"莫尼特"型号的战舰在合众国各船厂分别建造），直到第一次世界大战打响。此次战争获得了一次新的技术飞跃：远洋战舰新技术实现了火力与装甲防御、速度与机动性之间的最佳平衡。因此，1906年英国建造的无畏战舰完成了一次革命性的技术飞跃，这是当时唯一装备305毫米远程火炮的战舰，由蒸汽涡轮机提供动力：该舰能在6米到8000米之间的距离向敌方开火，火力优势明显，提高了转移速度。"莫尼特"模式得以流芳百世。当然，美国南北战争还获得了另一项技术飞跃。1864年2月17日，远非海军史上第一艘潜艇（1690年至1692年，丹尼斯·帕潘曾设计了两款潜艇模型）的南方军潜水艇汉利号在查尔斯顿海域首次击沉了一艘1200吨的单桅战舰。这是它的唯一战功。不久后，该舰便永远沉没于海底。50年后的1914年9月22日，1910年德国造的U9型潜艇在一小时内，从水下击沉3艘英国巡洋舰，如中国古代军事家孙子所言，"如以碬投卵"。这一战果向全世界的军事指挥部表明，一项新的技术飞跃已经完成。

V.U.C.A.[①]世界

今天，军人对世界作何解读？这或许会告诉我们更深的本质。要了解这一切，必须去五角大楼和美国军事学院转一下，其生产战略概念的能力毋庸置疑。2001年9月11日发生在美国的恐怖袭击已引起世人对美国战略思维的严重质疑。这是美国本土有史以来第二次遭到外部力量的打击。虽然奥萨马·本·拉登的基地组织与裕仁天皇的日本之间没有任何可比性，但人们将袭击世贸大厦和五角大楼与日本1941年偷袭珍珠港进行比较并非毫无道理。由本·拉登创建的恐怖组织如同一只变身妖怪，它的头目藏身于阿富汗或巴基斯坦深山岩洞和破房屋里，而20世纪30年代的日本则是一流工业大国，拥有强大的军事手段。

当恐怖分子对美国心脏地区发起攻击时，流行的军事理论是著名的shock and awe，其字面意思是"震慑与威吓"。这一理论是前五角大楼军官、卡特政府成员詹姆

[①] V.U.C.A.为英文单词volatility，uncertainty，complexity和ambiguity的首字母缩写，意为"不稳定、不确定、复杂和模糊"。

斯·韦德于1996年创立的，并由乔治·W.布什的国务卿科林·鲍威尔加以完善。这一理论的基础是采用十分强大的火力将对手摧毁，以精锐部队和军事手段控制战场，就像1990年至1991年的第一次海湾战争，2003年美军进军伊拉克期间所产生的效果也是一样的。

然而，从20世纪90年代末开始，美国的战略家们开始思考其他问题。在位于宾夕法尼亚州的卡莱尔美国陆军战争学院的课堂上，开始流行一种奇特的缩写V.U.C.A.，这也是美军的未来将领们给他们的战场所下的定义。V.U.C.A.世界是一个不稳定、不确定、复杂而模糊的世界，"震慑与威吓"战略对这个世界显得十分不合时宜。在美国的战略家们看来，V.U.C.A.世界有何特征？世界变得"不稳定"。从这种意义上说，世界发生大事的频率会越来越快，在很大程度上可以说是突如其来，"阿拉伯之春"便是最好的证明。这种不稳定还涉及经济领域。正如20世纪90年代中期以来影响金融市场稳定的各种投机泡沫或是2012年至2013年间险些将欧元卷走的危机表明的那样。冷战期间的世界并非不稳定，"9·11"恐怖袭击后世界才变得不稳定。"不确定"是不稳定性的附属产品，谁能预测未来会发生什么？一个不确定的世界就是一个权威分崩离析、等级制被打乱、预言家们不再被看好的世界，因为两位权威专家对同一事件可以得出完全不同的结论。一个不确定的世界也是对自然资源消耗无度的世界，距离资源枯竭的日子屈指可数。尽管这种过度消耗隐藏着显而易见的危险，我们却束手无策。它也是一个各种变化可能加剧自然灾害的世界。"复杂性"产生于事件之间的关联，经济和金融现象的全球化，新技术的爆炸，原因和结果越来越难联系在一起，人类的智慧将很快难以处理人类制造的海量数据。至于"模糊"，随处可见。今天，谁能够确定谁是朋友，谁是敌人？欧洲民主赖以存在的价值观，10多年前还被认为是普世的，现在却面临贬值。我们所处社会的内部腐败、人为不公等同样是模糊因素，它们可能葬送传统的社会模式。当你们在伊拉克或阿富汗花数月训练的人变成伤害自己同胞的人肉炸弹时，又能说什么呢？

老实说，V.U.C.A.世界离一种有组织的全面混乱只有一步之遥。美国陆军战争学院的教官们或许受到了詹姆斯·格雷克名著《混沌理论》①的影响，作者在该书中探讨了美国科学家爱德华·罗伦兹在20世纪60年代描述的"蝴蝶效应"，并在1972年的一次学者全体会议上宣讲了

---

① 詹姆斯·格雷克：《混沌理论》，弗拉马里翁出版社，1988，2008。

概述。他演讲的题目是《蝴蝶在巴西扇动翅膀会在得克萨斯州引发飓风吗？》，这是对混沌现象的一种完美诠释。因为说一种现象是混沌的，与形容它"复杂"有很大区别。复杂的系统仍是线性的，其系列因果关系是固定的、可预测的，可以将它拆散进行分析，之后重新装上，得到的功能和因果仍是相同的；混沌的系统却不是线性的，因果关系之间不存在逻辑关联。一种微不足道的、无法预测的冲击会在整个系统行为中引起基本变化。罗伦兹是在用电脑进行天气预报时偶然发现这一现象的。为了赢得时间，他仅将部分可变计算参数输入机器，如用0.506替代0.506127，却发现自己的预测因此完全改变。当克里夫兰的一名年轻美国人决定动用支付房贷的钱购买一张足球赛门票时，同样的现象出现了。这种看似微不足道的决定，在经过一系列无人预见的发酵后，引起了次贷危机以及世界银行系统的部分崩溃。同样，一名突尼斯小贩受到警方干预，经过一系列突发事件后，引发了阿拉伯革命以及北非和中东部分地区政治平衡的完全改变。希腊一位财政国务秘书在布鲁塞尔提供了稍加修改的公共账目，这种"轻率"险些造成欧元区崩溃，从而导致欧盟解体，而欧盟是欧洲二战后最重要的政治经济架构。只要世界是线性的，每个人都可以在自己的角落让别的东西贬值。现在，世界变得复杂起来，雅典国会对修正案的表决或塞浦路斯一间小银行面临的困难，都可能毁掉大家认为不可动摇的经济建设。

这种复杂性还应加上各种因素：信息从地球一端到另一端的实时传播；在华尔街、伦敦金融城或左右法兰克福资本投向的决策者们与外界交流脱节。但他们今后可以通过互联网和移动工具提供的各种可能性，让人们实时了解他们的想法。在的黎波里、开罗或基辅，不计其数的人们可以在几小时内集聚起来，让政府从根基上产生动摇。

"轻足迹"理论

美国战略家们在描述完充满伊拉克和阿富汗战争经验的V.U.C.A.世界后，从中吸取了有关军事理论的教训。他们创造了一种新的概念并用一种十分诗意的方式将其取名为"轻足迹"（Light Footprint）战略。在一本大获成功的书中，记者戴维·E.桑格讲述了奥巴马为该战略谱曲赞赏的方式，调子是他的前任确定的①。对美国来说，那就是重新确定在当今世界使用外交、扼制和武力的各种情况。正如桑格所言，即使奥巴马并未质疑美国对某种威胁采取单边行动的可能性，但今后将采取更有针对性的、快速的（快进快出）行动，尽可能避免大规模地面行动。在过去几十年，此类行动让美国财政大受拖累，军队疲惫不堪。在"奥巴马理论"中，如果某种威胁并非针对美国的安全心脏地区，如果它针对的是整个世界秩序而非专门针对美国，美军就不应单打独斗。例如在利比亚，美国只与北约及阿拉伯国家联盟其他成员国短时间介入战争。华盛顿有

---

① 戴维·E.桑格：《奥巴马的秘密战争》，柏林出版社，2012。

关摆脱伊拉克和阿富汗战火的决定源自同一逻辑:美国不能大包大揽,而应有所选择。一旦投入战斗,便应使用新型武器,尽量少动用兵力和装备。这便是"轻足迹"的本质。

这种新理论基于三大支柱:最大限度地使用技术(无人机、机器人、电子战等)、一种新的组织模式(特种兵、多国联军)和在参战期间采取不同态度(秘密进行、减少美国的附带损失等)。

因此,第一支柱是使用任何必要的技术资源,最重要的是无人机和网络。准确地说,无人机并非新式武器,它的历史几乎与战斗机一样悠久。第一次世界大战期间,英军已经使用无人机作为空战训练靶机。我们在著名的《简氏》杂志20世纪20年代以来的世界军事航空目录上发现了无人机,美国空军在朝鲜和越南战场上也使用过。对该武器的高度关注源于海湾战争,当时美国海军的航母能力已经达到极限。在沙漠风暴以及后来北约在南斯拉夫的军事行动中,无人机已被广泛用于收集战场情报。但它们的光鲜时刻是在20世纪90年代末,此时美军意识到无人机的巨大潜力,捕食者RQ-1就此诞生。它长8米、翼展15米,配有一个用于收集各种传感器和电子设备信号的球状鼻子,曾在阿富汗被广泛使用。但它缺少一个利器:打击力。在以后的型号中，这一缺陷得到弥补，无人机装备了空地导弹。死神MQ-1和MQ-9有16枚导弹，部署在巴基斯坦和乌兹别克斯坦基地，用于猎杀阿富汗、也门和索马里的恐怖分子头目（2007年至2013年，超过3300名塔利班和"圣战"头目被该机击毙，其中包括2011年被击毙的本·拉登的副手和2013年11月被击毙的巴基斯坦塔利班头目等）。

无人机完全符合"轻足迹"战略的要求。随着遥控技术和机体人工智能日益尖端，无人机越来越智能。在判断飞行参数和导航方面，无人机能自动决策。今后，它还可以排除人为干预，自主决策的时刻指日可待，在化学和生物传感器技术的帮助下，甚至不需要任何人的操控。2013年12月，美国《航空周刊》杂志披露，一款由诺斯洛普·格鲁门公司设计的隐身无人机RQ-180即将投入使用。该机装备了射频传感器和新型雷达，可以在敌方空域完成监视任务，在美国空军和中情局的双重操控下，甚至可以完成电子攻击。毫无疑问，无人机是现代战争的利器。美国是无人机的第一制造国和使用国（2010年，有超过7000架无人机在服役。未来数年，无人机数量还将大幅增加）。2014年2月，英国宣布由其自主设计的隐形无人机成功试飞。该机由英国航天航空系统公司制造，命名为"雷电之神",设计费用超过3亿欧元。另外,法国和英国政府表示,愿就此项目进行共同研制,以设计出一款法英攻击型无人机。与此同时,法国也宣布将在美国采购10余架无人侦察机。应该说,无人机的优势多多:它不会让远程操控人员的生命受到威胁;比传统飞机便宜许多,一架武装无人机的单价为5300万美元,而新一代F-35隐形战斗机的单价则是1.3亿美元。然而,无人机并非是"干净战争"的同义词,它们已经导致附带损失,造成数百名平民死亡,在巴基斯坦,甚至在美国,均引起强烈抗议。人们指责奥巴马在自己的国家进行一场"不平等"战争。2014年1月,美国政府甚至决定减少在巴基斯坦的打击行动,以促进与塔利班的谈判。当然,如果不是因为受到来自空中打击的持续威胁,塔利班会同意谈判吗?布鲁金斯学会的专家丹尼尔·布莱恩在《外交》杂志上写道:"无人机已经使塔利班的通信和招募新成员的能力大打折扣。为避开无人机的打击,塔利班头目避免使用电子设备,大批人员不敢聚集在一起。无人机使基地组织的指挥系统和训练处于险境,迫使他们在失去头目或冒生命危险之间做出选择。"[1]

---

[1] 丹尼尔·布莱恩:《为何让无人机工作》,《外交》2013年7—8月号。

对技术的掌控还体现在电子战中，继陆地、海洋、天空和太空之后，人类还开辟了第五个对抗领域：网络。这是一场人见人怕的战争，因为它悄无声息却极具杀伤力。通过一台普通电脑，就能畅游任何军事或民用设施。在不暴露自己甚至不表明身份的情况下，在敌方领土上制造混乱。戴维·E.桑格详细讲述了时任美国总统乔治·W.布什在2006年发起的"奥运会"行动计划的起源和实施步骤。该计划目的是在听之任之和空袭之间寻找"第三条路径"处理伊朗核问题。美国国家安全局和五角大楼的专家们当时想用电子病毒摧毁位于纳坦兹的伊朗工业离心机，创造一种新型武器，以争取更多时间与伊朗谈判。但攻击必须隐姓埋名，只攻击纳坦兹的工厂而不危及任何其他目标。在以色列研究人员的帮助下，美国国家安全局经过几个月的紧张工作，制作出一份离心机所在位置和控制系统运行的完整电子地图，电子病毒先在巴基斯坦设计的几台离心机（与伊朗离心机相同）上进行了测试。卡扎菲在2003年决定放弃核武计划后，美国通过国际原子能机构核查人员将这些离心机从利比亚弄到美国。巧的是，这些离心机正好存放在田纳西州的橡树岭国家实验基地。

2008年至2009年间，电子病毒被输送到纳坦兹并摧毁了伊朗的部分离心机。伊朗人用了好几个月才搞明白这些破坏的真正缘由，他们先前将问题归咎于零件质量差。

"奥运会"行动计划在全球尚属首次：这一案例表明，一种信息病毒能够对处于严密保护的超敏感设备进行物理破坏。毫无疑问，纳坦兹的工厂没有被摧毁，伊朗的核计划仍在继续，但却受到严重破坏，按照专家的说法，至少推迟了一至两年。美国的首要目的（即在与伊朗的谈判中争取时间）已经达到，而且也造成了附带损害。2010年，美国和以色列合作研制了一种新型病毒，旨在破坏更多的离心机。该信息蠕虫被认为甚至能进入这些机器操控系统的心脏，但它摆脱了病毒制造者的控制。一名伊朗科学家将手提电脑接上控制系统后，病毒开始发作。然而，当该科学家将电脑与操作系统分离，接上互联网后，蠕虫却不认识这种新环境，并开始在网上传播。美国和以色列耗资数百万美元制造的这一病毒逐渐蔓延全球。网民们开始关注它，并给它取名为"超级工厂病毒"。然而，人们却指责它是俄罗斯黑手党所为，之后又指责是中国黑客制造的。实际上人们非常清楚，只有像美国这样举世无双的技术大国才有能力设计这种病毒。这一行动计划成为一次重大技术飞跃，涉及两个国家的首场网络战，所以美国有人将其与核武器研制成功相提并论。

为了加深人们对此事的了解，2011年9月，美国国土安全部官员邀请了几名记者到位于爱达荷州福尔斯一个负责研究电子战的实验室进行参观。他们在这里仿制了一家化学品制造厂,设备与主要由霍尼韦尔和西门子提供的电脑连接。一个"黑客"小组假装成一家竞争企业,取名为"巴尼家用化学品公司"（BAD①,该名字显得有点幽默）,对模拟化工厂发起攻击,并试图造成最大破坏。戴维·E.桑格讲述道:"这并非是一场正大光明的战斗。在网络攻击中,优势在进攻的一方——出其不意的效果、同一时间攻击对手所有弱点的能力、攻击来源无法知道。受攻击一方立即忙得不可开交,模拟工厂陷入混乱,几乎随处可见化学品泄漏,机器发生抖动,四处冒出黑烟。受攻击一方无法让工厂停止运转,因为模拟工厂完全被黑客控制。"该演示当然是为了证明当设备被远程操控时,它就不能正常运行,人们可以用它制造灾难。如果美国人能做到,其他人同样能做到。因此,冲突时代完全是开放的。近年来,对全世界的军队来说,网络战已成为一个重要课题,为此各国投入的预算日益增加。法国将投入10亿欧元用以构建网络保卫能力,成百上千名专家将进入装备总局的总参谋部。一个国家的工业设施被隐姓埋名的对手摧

---

① 该公司英文名称为Barney Advanced Domestic Chemical,首字母B,A,D正好组成"坏"的英文单词bad。

毁，在今天已经成为一种现实，实在可怕。

据法国国防部统计，法国迄今遭到的信息攻击约有800次，但规模有限。此类攻击的数量每年翻一番。法国一位专家承认，"我们不知道2016年后的情况会如何"①。总之，有关事件与日俱增。2012年8月15日发生的事件是最令人震惊的事件之一。当天，沙特阿美石油公司数万台电脑突然死机，无法重新启动。美国官员承认，伊朗黑客已进入许多美国能源企业的信息系统，收集大量信息，以用于在未来发动大规模攻击。当俄罗斯军队于2014年3月进入克里米亚时，乌克兰成了一次信息攻击的牺牲品，多个行政部门受到攻击。此次攻击非常尖端，所以专家们得出的结论是，来源只有一个国家。在关于数字时代的一本权威著作②中，谷歌董事会执行主席埃里克·施密特和谷歌智库主任贾里德·科恩就此描述了可能出现的灾难性剧情："尖端的信息病毒可以攻击一个国家关键基础设备的控制系统，包括自来水、煤气、石油等。恐怖团伙一旦控制这些系统，可以让电力中心停止运转，让废水处理循环系统发生倒转，让核电厂的热控制系统失去作用。"

---

① 《世界报》2014年2月7日。
② 埃里克·施密特、贾里德·科恩：《新的数字时代》，年代图书出版社，2014。

实际上，很少有恐怖组织能掌握这样的技术手段，但某些国家却完全可以做到，最有可能的是美国。

所幸的是，"轻足迹"战略还有第二和第三支柱，即借助于高质量和高附加值（特种部队）的人为干预行动，以及新的组织模式和新的参战形式。在现代冲突中，特种部队将越来越具有决定性作用，在巴基斯坦展开的行动已向全世界证明了这一点，该行动导致了本·拉登的死亡。大家仍记得奥巴马及其顾问在白宫直接指挥突击队行动的样子。队员们趁着夜色，成功潜入基地组织头目的驻地。特种力量是一支小分队，队员受过良好训练，配备最先进的装备，常常被派去执行高风险、非常规任务。其现代版诞生于二战期间，当时英国首相丘吉尔呼吁创建一支"具有猎手精神，能够在敌占区制造恐怖浪潮的特种部队"。著名的英国突击队诞生于1940年，他们与其他特种部队一起，参与了缅甸战役期间的各种行动。缅甸远征军特种部队、突击小分队和廓尔喀人野战部队则在日军防线后方展开行动。20世纪70年代末，美国创建了"三角洲部队"和海陆空突击队，消灭本·拉登应归功于他们。所以，特种力量是"轻足迹"战略的必要组成部分，他们统领着"轻足迹"战略的第三大支柱，即参战的新规则。实际上，他们可以有效地进行干预，在远离基地的情况下，无须动用大量兵力，因此成本极低。美国前副总统乔·拜登将此概括为："当特种部队的袭击能达到相同目的而无须牺牲更多美国人的生命时，为什么要派大量步兵上战场呢？"这也是法国总参谋部的想法，2013年法国在马里的行动就是一次证明。

必须承认，在这种技术竞赛中，美军从其出色的工具——美国国防部高级研究计划局（DARPA）中深深受益。该局创建于1958年，原本是为了应对苏联第一颗人造卫星进入太空，其使命是密切跟踪可能对国防活动产生影响的科技进步，"避免对手对美国军力构成威胁，保持美国武器的技术优势"[1]。美国国防部高级研究计划局与美国大型研究中心和大学合作，对各方面展开广泛研究，包括材料、生物、电子、网络、武器、空间等。例如，2014年美国国防部高级研究计划局启动了一项经费达5000万美元，旨在全面掌握人脑活力功能的研究计划。

---

[1] 参见http://www.darpa.mil。

经济不完全是战争，尽管……

无法统计全世界有多少企业领导人将孙子视为战略大师，将其著名的《孙子兵法》作为枕边书。其实，我们并不十分清楚这位将军确有其人还是神话人物。人们认为他生活在公元前6世纪，即中国春秋时代末期。但他将战略的关键原则编成易懂的格言，其中最著名的是"不战而屈人之兵"，直到今天，无论是在军校还是商校，这位战略大师的法则仍备受推崇。毫无疑问，从军事术语上说，经济不是战争，经济没有流血，没有炸弹，也没有子弹。经济是一场创造更多价值的竞赛，因此是一种创意性而非破坏性的方法，是一场获利游戏。

然而，企业战略和军事战略之间存在着某些相似性。于上述两者而言，竞赛优势，即能够赢得冲突的优势或将竞争对手抛在后面的优势是相同的：可使用的经济资源（资金、原材料、能源），人力资源，科技创新，收集、分析和研判信息的能力。军人和企业领导是在共同的语义场上行动的。他们必须持续作战，让自己获得战胜对手的竞争优势。无论是在商场还是在战场，辩证法主要来自达尔文，即强者生存。而这种竞争优势可以表现为不同形式：训练有素、综合素质好、装备精良的人员；更有效的信息和情报系统；最出色的环境适应能力；拥有更多资源，尤其是财政资源；指挥得当。

军队和企业是在一种共同环境中运转的：这便是今天的世界。他们面对同样的不稳定性、不确定性、复杂性和模糊性，就像V.U.C.A.世界概念中描述的那样。以此类推，企业同样要思考运作方式、组织形式和技术等方面的变化，这样才能在一个不断改变的世界中保持繁荣。无论是对企业还是对军队来说，这种变化都是无法预测的。然而，如果说存在着一种反轻装上阵的组织，那正是企业。要让工作有条不紊地进行，企业需要工厂、储存场、办公室、销售点、交通基础设施以及人力资源等。建造一家汽车装配厂、一家石化联合企业或一座铝冶炼厂是不那么容易的。即便如此，也并未妨碍美国军队（堪称一个巨型企业，年预算超过6000亿美元，140万人员分别驻扎在100多个国家的1000多个基地）进行彻底改变。

实际上，这一切似乎说明，国际大型企业通过借鉴五角大楼的"轻足迹"理论，逐渐开始对组织结构、管理模式、发展战略进行彻底改革，这一理论和V.U.C.A.世界一样，已编入新的管理理论①。今后，矩阵组织、巨型工厂、生产机构将分散在世界各地（尤其是在低工资国家），多总部时代将结束，它们将成为哈佛商学院的教学内容。如同未来的军队一样，企业将在强大和轻便、稳定性和灵活性之间寻找平衡。像军人一样，企业主和股东将通过展示新的力量，节省人力和资源来实现效益的最大化。他们将采用技术竞赛，创造新的竞争优势。如同使用无人机一样，工厂也将实现远程操作；如同网络战一样，信息系统以及处理、分析和使用数据的能力，将成为企业存亡的重要因素。大型兵团将让位于训练有素、技能全面、机动性好、自主性强、与"中心"保持持续联系的突击队。最后，如同特种部队一样，突击队也将成为未来企业的打击力量。这种"轻足迹"企业将是美国模式和中国模式间的一种较特殊组合，硅谷和珠三角之间的一种融合。一方面是创造力、灵感、想象力，另一方面是灵活、机动、适应力。

战斗的性质将发生改变，不再是做得比竞争对手更出色，而是创造让竞争失去作用的新市场，从而在"蓝色海洋"中畅通无阻。用美国两位创新专家金伟灿和勒妮·莫

---

① 常博逸：《轻足迹管理：变革时代的领导力》，中信出版社，2014。

博涅（其理论便是以此为论据）的话说，就是"企业始终处于与竞争对手的直接对抗中，寻求增长和可持续的利益，这种情况再也行不通了。因为，任何商业领域都已人满为患，它们在血色海洋中厮杀，以获得日趋减少的利润。未来的领航企业要获得成功，不是通过打败竞争对手，而是通过创建新的空间、蓝色海洋，它们将成为独一无二的获益者"[1]。

这类企业开始出现在世界上的几乎所有地区，并成为人们关注的热点，如美国的Netflix公司（在线影片租赁提供商），西班牙的Zara公司（成衣），中国的海尔（家电）、腾讯（通信服务和社交网络等）、阿里巴巴（电子商务等），法国的Free移动通信公司。为了将Free公司彻底铲除，竞争对手似乎不择手段。"轻足迹"企业的特点是能够创造性地运用自己拥有的全部新技术，拥有敏捷而灵活的组织架构，通过与其他企业结盟的方式精简结构，将力量集中用在强项上。长期研究竞争优势的理论家们认为，一方在某项上取胜，另一方就会在这方面落败。在新资本主义中，企业必须懂得如何与自己的生态体系一起运转，以及如何与合伙人和盟友共事。未来的企业必须在信

---

[1] 金伟灿、勒妮·莫博涅：《蓝海战略》，哈佛商学院出版社，2004。

息上掌握3V①规则，因为只有通过这些信息（大数据被视为未来的新石油），企业才能创造新的市场。在一个超级竞争的世界，必须提高差异化能力以改变游戏规则。未来的企业不再只是一个集成块、一个一体化组织，而是围绕决策中心——太阳运转的行星群。

---

① Volume，Vélocité，Variété，意即总量、速度、种类。

明天，我们将在什么样的企业工作？

企业性质的变化将在不同层面展开。军工企业的教训是，技术将成为竞争的关键。在企业和顾客关系中，也必须使用工业工具和新技术。就像我们下一章将分析的那样，对自动化、机器人、人工智能日益加快的传播速度必须有所准备。在这一领域，一个新的纪元正在降临，即机器人不再只是受制于操作者，它们同样能够相互操控。这意味着企业将不断提升技术能力来保持竞争优势，在蓝海中继续航行。然而，企业的组织结构将面临一场深刻的变革。最有可能的情况是，运行基本单位将由一个包括多种小组的团队组成，按照特种部队的结构，由资深职员组成的自主小组在中心管理层的有限指导下，能够自我应对新的形势，迅速做出决策。

必须懂得如何将战略决定的集中（在巴基斯坦追击本·拉登行动中，奥巴马亲自坐镇）与最大限度的权力下放相结合。执行过程和决策过程均应如此。今后，企业将日益走向协作而非下指令，所以必须了解如何管理新的联盟，把握互惠和相互依存的大方向。企业还必须了解如何保守秘密，因为目前我们已经知道，信息系统非常脆弱，企业间的交流信息可能会被他人截获。互联网上的大量信息网站会让未经授权发布的信息、仍处于保密的资料发生意想不到的情况。然而，今天没有什么能够保密。很多国家的情报机构都宣称，预测所需的必要信息几乎百分之百可以远距离得到，其中大部分信息均在网上传播，这就为预测提供了人类历史上从未有过的可能性。我们正靠近一个类似影片《少数派报告》剧情的世界。在该片中，美国总统能够指挥无人机打击美国的未来敌人。

所以，对企业而言，"透明"是一种风险日益加大的价值。企业还应学会管控由战略决策（如权力下放、关闭网站、远离基地分包商方面的事故、生产机器或指挥机构调整……）所带来的附带损失，毫不迟疑地承担可能对生产产生影响的事故责任，将影响降至最低。这意味着必须建立比现有大多数程序更加有效的危机应对程序。

已经有这样的企业了吗？这是毫无疑问的，即便目前为数不多。在法国，Free移动通信公司或许是"轻足迹"企业的楷模。该企业已按特种部队的方式运作，有自主小组和机动小组，以其强有力的领导人克萨维·尼尔为代表。尼尔是一个非典型人物，他以决策果敢、希望改变规则并强烈呼吁打破市场垄断而著称。他知道如何利用互网和社交网络，创建一个有50万志愿者的"Free网友"社区，这些志愿者围绕Free公司创建了12个主题网站，分享对新产品的技术鉴定和评价；创建能活跃该社区的工具，尤其是利用一年一度的全体大会将他们聚集起来；对创新和投放市场的新产品保守秘密，让竞争对手措手不及。在总体费用和市场营销（约占其营业额的16%，远低于竞争对手的相关开支）方面轻装上阵。当然，也有一些附带损失。在法国电信产业中，三家主运营商原本在彼此间找到了一种相对的稳定，但半路却杀出了Free公司，在该领域引起了社会混乱，让人看到了弱点，因而受到竞争对手和一些政府要员的攻击。2012年1月成立的Free移动通信公司存在着诸多技术和组织"缺陷"，对此克萨维·尼尔毫不掩饰。但"Free网友"的远见和忠诚让企业和老板的形象未受到任何损害。即使受到在场者的怀疑，Free公司创立的模式仍取得了成功，成为管理学院的一个教学案例。该模式完全不同于传统企业的观念，并以自己的成功阐述了"轻足迹"战略的主要原则。正如孙子所言："兵之情主速"；"出其不意，攻其不备"。

这些年来，国际大型企业已对组织结构进行了重大改革，以提升灵活性和速度。有的企业从新兴市场的发展中吸取教训，并在那里建立名副其实的战略中心，如美国思科公司在印度班加罗尔设立了公司第二总部，处在当地一个强大的生态体系中，该总部汇聚了上万名"人才"，占员工总数的20%。总部位于瑞士的ABB集团把机器人的生产全部移到上海，业务及研发团队实行了当地化，在中国设计出了第一款工业机器人，是世界同类产品中速度最快的。法国施耐德电气有限公司将执委会的三个成员搬至香港，目的是从亚太市场的发展中受益。法国Scor再保险公司已将公司指导委员会分散到全球多个地区，甚至考虑在不设公司总部的情况下运作。其他企业则关注联盟问题，希望通过这种方式重振创新能力，如宝洁公司。该公司现有一半新品是与外部伙伴合作研制的。所有企业都在试图设立小型团队或"基本单位"来替代矩阵组织结构，大众公司即是如此。它们希望在不增加研发费用的情况下，创造更多模式。谷歌和通用电气借用"特种部队"概念，把力量集中在一个目标或一项任务上。为加速公司转型发展，雀巢公司创建了若干小型数字技术专家组，希望从数字和信息工具中获得最大利益。

以上只是几个例子，在未来数年，这场管理革命、资源结构革命、技术应用革命将广泛传播并深刻改变人们的工作，因为社会将不断要求人们提升能力、自主性、流动性和领导意识。

中国企业是"轻足迹"模式吗?

在企业管理方面,提到"中国模式"似乎很奇怪。在公共舆论中,中国给人的印象仍是一个大型加工坊,这里的上亿工人制造出能填满我们市场的产品,主要包括玩具、电脑、手机或太阳能电池板等。然而,中国并非只生产这些小玩意儿。除了能源、电信、冶金、运输领域的国有大型企业,许多私企迅速崛起,培育出新一代领军人物和管理者,并出现在全球各地。不应认为这些企业和领军人物是遮住森林的树木。实际上,中国自1978年开始这场伟大的经济改革以来,已成为V.U.C.A.世界的原型。

今天的中国市场实际上是不稳定的、不确定的、复杂的和模糊的,一直处于持续变化状态中。过去20年,中国的变化比世界上任何一个国家的都大。它正从一个以廉价劳动力和廉价产品出口为基础的发展模式,转变为一个以消费驱动为主的发展模式。企业既要面对政策环境的变化,又要面对正在改变的游戏规则、不断变化的商业环境。所以,挑战不是如何完全适应一种稳定的竞争环境以达到平衡状态,而是如何在一块不稳定的木板上保持稳定。这就如同一名冲浪者，要瞅准机会，搏击骇浪。中国管理者完全和冲浪者一样，要跟随领导层的总体思路，受其引导，但不受其约束。2000多年来，中国一直是竞争激烈的"红色海洋"，近年来，它彻底迷上了"蓝海"理念，决策者不是盲目制订"大型战略计划"并严格而系统地贯彻，而是不断细化战略，重新平衡各种力量和轻重缓急，保证自己永远不会从冲浪板上掉下来。这就迫使企业在适应能力方面表现出灵活性和快速度。中国领导人既精于细节，必要时甚至准确无误，又擅长走捷径。中国模式与其说是建立在一种明确制订并严格执行的战略上，不如说是建立在见解和策略上。中国领导人并不谋求稳定一种明知无法预测的环境，而是分阶段完善战略，在每个阶段都创造与发展相关的新的可能性。

中国人有一种表达自己做事方法的公式，即1+1=11和11+1=111。换言之，在办企业时，他们越来越看重互补、转变、去伪存真，而不是力量的简单相加。如同在法国一样，中国也有笛卡儿式的人物，能够将数学逻辑应用到极致，有时甚至是1+1=3。

中国企业已加入新技术的竞赛中，并开始取得惊人成果。在利用机器人和自动化设备抵消劳动成本增长方面，它们将走在前列。2008年，广东省委提出了"腾笼换鸟"的转型战略，其实质是以高新技术和服务产业取代劳动力密集型产业。苹果公司在中国的代工厂商——富士康公司2011年宣布，计划新增100万台工业机器人以减少企业员工——当时该公司拥有员工近120万人。沿海省份浙江（省会是十分富裕的杭州市，离上海约200公里）曾计划在五年内投入800多亿美元，用于帮助当地企业实现自动化。自2005年以来，这个高度工业化省份的劳动力成本已经增加了3倍。在富裕的广东省，其省会广州市打算创建两至三个完全用于发展工业机器人产业的工业园。国际机器人联盟的专家曾预测，从2015年开始，中国将是世界机器人和自动化设备的第一市场，销售额将达到1600亿美元。我们预计，到2020年，三至四家具有国际竞争力的中国机器人企业将横空出世。总之，这是科学技术部在2013年12月制订的中国机器人发展规划中的一项预测。2011年，中国平均每万名工人拥有21台机器人，韩国为350台。因此，中国机器人市场的发展空间相当大，高技术产业的发展也相当惊人。一些中国公司从此将饮誉全球，如电信设备领域的华为、电子商务领域的阿里巴巴、腾讯［该公司开发的微信已获得巨大成功，成为推特（Twitter）、脸书、讯佳普和贝宝的联合竞争对手］、百度（搜索引擎，相当于中国的谷歌)、小米(智能手机)。时任深圳市市长许勤对该市2013年的国内生产总值增长率达到10.5%深感欣慰,他将这一成果归因于此起彼伏的高新技术。他还透露,2013年该市生产总值的4%(相当于80亿美元)投入到了研发中。今后,深圳将推动新一代企业的诞生,主要涉及医疗、新能源、机器人制造和新材料领域的未来企业,它们将与美国和欧洲同行展开竞争。

然而,中国企业同样进入我们前面列举的同类管理革命中,例如1984年在一家小型冰箱集体企业的基础上创建起来的海尔公司,其家用电器和电视机年销售额接近300亿美元。公司创始人从"轻足迹"理论中获得灵感,创立了ZZJYT(即"自主经营体")理念,以落实革命性口号:与用户零距离。这个拥有7万名员工、在全球(美国、意大利、非洲)拥有多家工厂的企业,已创建了2000多个ZZJYT,这些小型企业均是独立的,由自己的人员管理,有自己的研发活动和客服。一位用户曾抱怨说,他的洗衣机在尝试洗土豆后出现故障。由于企业为顾客所着想,海尔为农民发明了一款既可洗衣服又可洗土豆的洗衣机。公司创始人每周六上午召开管理层会议,按海尔的模式,不断完善对"轻足迹"的实践。

三藏游记

按照中国的传统说法，宇宙的一元（即一个循环周期）为129600年，一元分为12会，每会10800年。一会又分为上半部和下半部，各5400年。第一个循环周期（即以混沌和黑暗为特点的"猪时代"）结束后，一个充满光明的新时期接踵而来，正如《西游记》描述的那样。很难知道今天的世界处在哪个时期，或许处在混沌与光明之间的一个过渡节点。可以肯定的是，眼下一切都已混淆，没有天地之分。同时，一切都在变革中。中华之星已冉冉升起，与它同行的新行星打破了旧世界的平衡，以某种方式将所有的时钟调整到同一时间，无论是东西方的，还是南北方的。如同最初在中国晋朝，之后在加洛林王朝的欧洲，马镫打乱了兵法并改变了人类和士兵的等级。新的科技竞赛，当然包括军备竞赛，正在以不同方式改变当今世界格局，因为这一切发生在一个传统秩序被打乱的世界。从前，人类寻求平稳和平衡，那个时期十分漫长。18世纪，欧洲与中国通商时，为赶在夏末秋初到达广州，商船必须在冬天离开欧洲大陆的港口。之后，商船必须在当年12月或来年年初重新启航，目的是在春末或夏初返回洛里昂、伦敦或阿姆斯特丹，一个来回需要19至20个月。在亚洲海域，必须根据风向行驶：西南季风会将船舶从好望角吹向印度和中国，当年10月至来年5月的东北季风则会将船舶吹向好望角。

在我们今天畅游的世界，关键词是"即时性"和"不稳定性"。这是因为，按照战略家们的说法，这个世界是不确定的、复杂的和模糊的，这一切又都是不稳定的。这种不稳定性是时间加速的产物，也是信息、理念、服务、资本流通全球化的产物，新的技术使这种不稳定性成为可能。这是一个超级竞争的世界，在这个闻名遐迩的"红色海洋"中，无论是企业还是商人，都越来越难获得超越对方的优势。在这个世界里，一场声势浩大的革命有可能在几天内发生，孤独无援且近似手无寸铁的战士却能战胜拥有坦克和战斗机的正规部队。这是一种甚至连我们崇拜的中国古代军事家孙子也未曾预见的局面，他曾把将领们的美德变为自己的利器。

但是，经济和金钱的力量已转变为熟练地观察军人，并从冲突中吸取教训，分析战略家们用于彻底改变当今世界的方法，即通过远程遥控新技术、破坏性的信息病毒（一项至少与发明蒸汽机同样重要的革命），部署一支优质、高效（而非以数量取胜）的力量，并催生了"轻足迹"概念。速度快，流动性、灵活性强，具有创建神奇联盟的能力，严守秘密，依靠训练有素、机动性好、自主性强的士兵，绕过官廷和官吏，接受皇帝的直接指挥，这便是我们正在进入的这个世界的领导力量。要想继续发展并远离"红色海洋"，前往"蓝海"，必须在创建新空间的同时保持竞争，让笨重、缓慢、迟钝的竞争对手望洋兴叹。经济大国、商人、企业家必须抓住这些新的力量，降龙伏虎。由于规模空前地采用新技术，他们能做到这一点。他们拥有一大批彼此能够交流、高度智能的机器。在这些机器中，人类必须找到自己的位置。

从今以后，我们将迈向这块硕大的浮冰……

第二章

"机器会狂虐不爱它们的人。"

——安德烈·莫洛亚(法国传记作家、小说家)

机器人甚至在科学发明前就已诞生。机器人一词是由捷克戏剧作家卡莱尔·恰佩克普及的，他于1920年发表了题为《罗萨姆万能机器人制造公司》的剧本，1921年戏剧在布拉格首演，两年后被译成英文并于当年在伦敦圣马丁剧场上演。该剧内容简单，故事发生在20世纪50到60年代，一名科学家发现了一种具有活性细胞（原生质）所有特征的物质并开始用它"制造"动物。之后，因为想用科学取代上帝，他想方设法，希望创造一个人。他为此筋疲力尽，最终成了疯子。他的侄子从中嗅到了商机，攫取了他的发明，开始制造成千上万的机器人。作者在剧情介绍中明确指出："机器人和大家穿的一样。它们的动作和发音略显冷漠和生硬，面无表情，目光呆滞。"这些机器人引起了资本家的兴趣并被用于制造各种产品。与雇佣有血有肉的工人相比，使用机器人的制造成本要低很多。罗

第二章 "机器会狂虐不爱它们的人。"

萨姆万能机器人制造公司总经理多曼这样描述机器人的用途:"制造人造工人跟制造柴油发动机是一回事。生产应最大程度简化,产品要尽可能最好;最好的工人是价格最低、要求最少的工人。年轻的罗萨姆设计出要求最少的工人。他将它们大大简化,让它们从各种杂事中解脱出来,全力以赴地干活。"[1]

年轻女性海伦娜是"人道联盟"成员,她潜入现场,想"解放"机器人,破坏用于生产机器人的秘密程序。于是,机器人开始暴动,包围工厂,杀掉工程师,只留下海伦娜和一位研究人员,让后者找回丢失的程序。戏剧结束时,机器人消灭了人类,海伦娜和机器人首领相爱,就像亚当和夏娃一样,肩负起重新创造人类的使命。凯佩科的戏剧在全球大获成功,它完美地融入源于一战的反科技运动中,那是历史上的首次技术大冲突。一位美国评论家写道:"该剧是对我们机械化社会的一次绝妙讽刺。"

当然,凯佩科没有发明机器人。几千年来,人类一直试图创造人工生物。公元1世纪,赫龙·德·亚历山大设计了机器鸟,以水流作动力,能发出与真鸟相似的声音。

---

[1] 卡莱尔·凯佩科:《罗萨姆万能机器人制造公司》,迪菲朗斯出版社,2011。

1664年，法国工程师伊萨克·德·科斯发明了一款机器猫头鹰，能够通过简单的头部活动，让人造小鸟停止鸣叫。1733年，工程师梅拉德制作了一款机器天鹅，但它只能在水中前行，头不停地向两边摇动，由类似船桨的叶片推动。后来，雅克·沃康松发明了一款机器鸭，能抖动翅膀、进食和排泄，当然，最后一种功能显然是一种骗术。18世纪，安吉利克·迪·库德雷设计了一款模拟机器人，能够以极现实的方式模拟分娩，用以教育年轻女性。同一时期，奥地利王室科学顾问沃尔夫冈·冯·肯佩伦设计出一款机器棋手，就像一个坐在木箱上的土耳其人。有趣的是，这似乎是一个玩笑，因为一名真正的棋手藏在箱子里面。然而，智能机器的想法已经产生。日本江户时代（1603—1867），一个名叫"机器人"的自动服务员能够端茶送水，杯里的水在喝完后它会续上。

从那时起，有关机器人（由捷克语rabota派生，意为"强制劳动；奴役；苦工"）的成就频繁出现在文化领域尤其是科幻片中。根据法国主流新闻网站Cinétrafic的一项统计，超过150部影片将机器人搬上银幕，其中一些在电影史上留下了浓墨重彩的一笔，如弗里茨·朗的《大都市》（1927年）、詹姆斯·威尔的《弗兰肯斯坦》（1931年）、斯坦利·库布里克的《2001：太空漫游》（1968

年)、迈克尔·克莱顿的《西部世界》及扮演机器人牛仔的尤尔·伯连纳(1973年)、《星球大战》及著名的R2-D2(1977年)、《刀锋战士》(1982年,在该影片中,人类成功制造出不知道自己身份的机器人)、《终结者》(1984年)、《机械战警》(1987年)、《黑客帝国》(1999年)、史蒂文·斯皮尔伯格的《人工智能》(2001年,在该影片中,人类从属于具有智慧和灵敏度的机器人)、《机械公敌》(2004年)、由布鲁斯·威廉斯主演的《克隆》、《全面回忆》(2012年)。在马特·达蒙和朱迪·福斯特主演的《极乐空间》(2013年)中,导演将一个离奇的世界搬上了银幕,在这里,富人生活在名叫"天堂"的巨型太空飞船中,其他人则生活在一块遭到严重破坏、由机器人把守的贫瘠土地上。还有滑稽可笑的《伍迪与机器人》(1973年),伍迪·艾伦在该片中扮演2173年的家用机器人。

这些影片大部分都突出了机器人对人类构成的威胁和机器人愚弄人类的方式。几乎总是强者(机器本身或操控它们的人对世界进行彻底控制)统治卑微者、弱者、病人或乌托邦主义者。但最常见的剧情是,一名英雄最终挫败了坏人的意图,助弱者战胜了机器人。说到底,这些科幻片对未来并不能说明什么，但它们采用了技术和自动设备，使我们对当今世界面临的威胁有了新的认识。不管怎么说，作者们探索了充满灵感的电影和文学题材：有一天，机器人可能拥有智能，与人类平起平坐，甚至超越人类。在《伍迪与机器人》中，主人公面临大脑被"极度简化"的威胁时，说出了这句名言："别拿大脑开刀，这是我最爱的器官之一！"

著名科幻作家、写机器人的小说家艾萨克·阿西莫夫的逻辑与他人不同。从1942年开始，他就以"机器人三法则"阐述了一种机器人理论，驳斥了机器人有害的传言：一、机器人不会伤害人类，也不会置人类于危险中；二、机器人应听从于人类的指挥，除非指令与第一法则冲突；三、机器人必须保护自己的生存，只要这种保护不与第一或第二法则发生冲突。在阿西莫夫看来，机器人即便会引起人类的某种莫名恐惧，但它毕竟是一个工具、一位伙伴、一名服务员。他在文集《机器人之城》中的一篇文章中写道："机器人不完全是机器，而是为了更好地模仿人类而制造的机器。"他在另一篇文稿中补充说："人类一直相信，机器人越接近人类就越先进、越复杂、越智能。"在《机械管家》中，机器人安德烈甚至具有创作艺术品的能力。但至少需要两个世纪，机器人才能让人类

第二章 "机器会狂虐不爱它们的人。" 061

承认它是人[1]。这正是我们不愿看到的。机器人应效力于人类，如果情况相反，问题便来了……"暴力将成为无能的最后庇护所。"阿西莫夫写道。如果机器人变得无所不能，这是否意味着暴力停止？这一问题一直在等待人们的回答。

当代机器人常常具有人的形态。我们今天在电视或网络上看到的机器人都很友好。作为一种互动玩具，它们能够让孩子背诵英语课文，还会踢足球、发饮品，在火车站或机场提供信息。在未来，它们将充当保安、守夜人，在十字路口指挥交通，协助有关人员完成日常工作。这些机器人很可爱，也很友善，它们目前不会取代我们，也不想统治世界。实际上，这些拟人机械主要是以游戏方式展示整体新技术，今天无论是在机动性方面还是在视觉、交流方面，它们已相当发达。机器人的真正革命发生在远离大众视野的其他领域，如企业和军队。专家们习惯将机器人分为三大类：工业机器人（在两个或两个以上的轴心上工作，具备必要的自主性，从事固定工作）、个人服务机器人和专业服务机器人（如清洗公共空间，从事医疗工作，灭火或保证工业设施安全）。这一分类应该说是官方的

---

[1] 艾萨克·阿西莫夫的生平介绍和作品可参阅http://www.asimov.fr。

（因为这是在国际机器人联盟的主持下进行的），它对机器人进行了大体分类，并指出哪些领域的机器人应用将会普及。

我们在关注数据的同时，也意识到近年来机器人市场的日益火爆。2010年以来，工业机器人的销量年均增长率达30%至40%。2011年，机器人销量甚至达到历史新高，全球工业领域采购的机器人达16.6万部。采购最多的是哪个国家？日本第一（2.8万部，占总销量的16.8%），接下来是韩国（2.55万部，占总销量的15.3%）、中国（2.2万部，占总销量的13.2%）、美国（2.05万部，占总销量的12.3%）、德国（1.95万部，占总销量的11.7%）。在上述国家和其他国家之间，存在着巨大的差距。意大利采购了5000部（占总销量的3%），法国和西班牙各为3000部（各占总销量的1.8%），英国为1500部（占总销量的0.9%）。这些数字似乎合乎逻辑，因为它们体现了不同国家工业机器的能力，尤其是汽车产业规模，因为36%的工业机器人安装在汽车生产线上。

其他大量消费机器人的领域是电力和电子、冶金和机床产业。但这些数字也表明，工业大国之间的生产率竞争异常激烈。2013年3月，聚集美国所有机器人主角和专家的机器人虚拟化组织，联合10余所美国著名大学完成了一份大型研究报告①，明确提出了机器人在未来世界的重要性："在基础研究和教育中，雄心勃勃的外国竞争者将提高工业效率。另一方面，多年来美国工业的研发投入在营业额中所占的比例停滞不前，美国在全球的研发投入份额已跌至28%。法国的竞争对手采用了与其相同的技术，但劳动成本却低得多。因此，法国工业面临着重大压力。在机器人和自动化领域取得突破性进展至关重要，尤其要生产出新一代基于机载信息、传感器和微型并体现纳米技术的高附加值电子元件产品，所以仅仅依靠人力不再是一种可行性选择。"美国专家阐述的这种推理也是所有新老工业大国的推理。为应对未来冲击，法国经济部前部长阿尔诺·蒙特布尔确立了34项战略工程，机器人制造和未来工厂处于优先地位并非毫无理由。

服务性机器人的普及同样在加速。2009年至2012年，全球共销售出4.5万台专业服务机器人，其中有近40%属军事用途（包括陆海空无人机）。值得注意的是，农业是一个日益重要的机器人消费领域，这表明农业活动正在有条不紊地迈向自动化。2012年至2015年间，农业机器人的销售量接近9.5万台。至于个人服务机器人，同样处于强劲增

---

① 斯坦福大学等：《美国机器人发展路线图：从互联网到机器人》，2013年3月20日。

长期，2011年全球销量接近200万台，其中近50%是休闲机器人、玩具机器人，日本人和韩国人对此类机器人情有独钟。2012年至2015年的数据令人惊讶，全球销售的吸尘机器人近1000万台、个人助手机器人90万台、玩具机器人270万台、教研机器人200万台。到2015年年底，全球进入家庭的机器人总数超过1500万台。

第二章　"机器会狂虐不爱它们的人。"

从家庭到医院，机器人无处不在

目前处于开发中的新一代个人机器人，未来将承担何种使命？我们还是从制造商说起。日立已推出一款在房间内能够像人类一样走动的机器人，它的手臂和手指能够自然弯曲，抓住轻物体，并可通过音控系统与人交流，接受指令，接收多媒体信息。这款机器人能保持人的行走速度，在走道里行走时能够避开障碍物，还能辨别物体，拿起摆满饮品和食物的托盘。由日本安川电机公司研发的SmartPal V型机器人则是一个多方向平台，装有两个手臂，有识别障碍物传感器和与人类进行信息交流的传感器。这款机器人身手灵巧，能拾起地上的物体。由德国弗劳恩霍夫研究所研发的Care-O-Bot 3机器人可与人互动，装有四个万向轮，能够朝任何方向前行并通过狭窄通道，自动计算，按指令线路行进，行进中能避开任何障碍物，包括人类。该机器人装有手臂和三个指头的手，能用适当力量拿起物体、开门和关门。它的头部装有摄像头和3D传感器，用于确定目标物的位置。机器人的全部信息都储存在一张电子卡上，故能对环境做出实时反应并"学习"新事物。这款机器人十分灵巧，能拿起托盘，身上还装有一个可拆卸的触屏，可随时输入指令。它能独自前往厨房，找出主人用智能电话指定的酒瓶，放在托盘上拿到客厅，并将酒倒入杯中。如果主人在房间跌倒，它甚至能向急救中心求救。法国罗密欧项目组开发了一款专门针对老人、盲人或无自理能力者的机器人，它能根据声音寻找物品，整理被移动过的物品，帮助残疾人走动，或助其从椅子上站起来。它还能与主人交谈，询问主人希望它做任何事的准确信息，能理解一些具有表达力的动作。法国Wandercraft公司也开发了一种能让残疾人恢复活动能力的外置骨骼。

根据Asimo计划，本田公司设计了系列直立行走机器人，能识别物体和人类。当然，目前还只是模型，还未实现商业化。这款机器人的灵巧性超过以往，几乎同人类一样，甚至还有"感觉"。人类对新技术和新产品的热衷，为机器人的未来普及提供了便利。将来，此类家用机器人既是传达员、仆人、厨师、家务助手，又是生活和游戏玩伴，还可满足情侣的需要。未来几十年，机器人需求量将成倍增长。在《与机器人的性爱》中，人工智能专家大卫·李维写道："人与人之间的爱已完全建立，人与宠物之间的爱也已建立。今天，培育对虚拟动物的强烈情感依

第二章　"机器会狂虐不爱它们的人。"

恋相对来说还是很常见的。今后，如果人类对虚拟生命、对机器人表现出同样的依恋，我们有什么理由吃惊呢？我们在回答这个问题时可以说：'人类到底为什么要这样呢？'有一大堆理由，新鲜感和令人兴奋的体验，希望拥有一个可任意使唤的宠物以取代失去的伙伴。例如，精神科医生会毫不犹豫地要求病人用机器人去消除分离的痛苦，因为机器人可以通过程序承担这一功能，包括发生性关系。这肯定比'百忧解'（抗抑郁药）的效果好。"[1]当我们看到大量研究人员和爱好者今天都在为网络性爱努力时[2]，这一提议似乎并不像表面看起来那样怪异。

现在我们放下家庭话题，看看田间地头的情况。现如今，农业已成为一种资本密集型活动。在美国、日本、欧洲、澳大利亚，研究人员正在研制全自动的新型机器，它能够自动耕地、播种、灌溉、收割，还能借助光学传感器、扫描仪、摄像机和车载电脑，完成田间地头所有吵人、累人的活计。美国约翰迪尔公司与卡内基梅隆大学机器人研究所合作，推出了一款名为"R-Gator"的自动拖拉机，其军事版已经服役。美国Harvest Automation公司

---

[1] 大卫·李维：《与机器人的性爱》，哈珀·柯林斯出版社，2007。
[2] 莱阿·勒热纳：《网络性爱玩具故事》，《解放报》2013年8月25日。

（老板是一位3D打印专家）发明了一款能搬运并能调换盆栽植物位置的机器人，请人干这种苗圃里的活付费很高。采摘机器人也在开发中，它能发现树上成熟的果子并摘下来，每小时能采摘2400个水果，通过传送带运送5000个。这些机器人还能爬上直径15至50厘米的树干，移动速度每秒达5米（人类小跑的平均速度每秒3.6至5.4米）。日本一家名为Romobility Youto的年轻企业正在研制一款能摘草莓的机器人。采摘前，机器人身上的摄像头能确定草莓是否成熟。一款种植水稻的机器人近年来也在日本推广，它能在50分钟内完成3000平方米稻田的插秧工作。奶业并非最后用上新技术的领域（最早的自动化设备就应用在农业界），挤奶机器人将越来越先进，它能根据解剖学原理鉴定动物，机器人身上的激光和视觉装置能够确定奶牛乳房的位置，并通过自动手臂对它们进行清洗和消毒……

在地下，机器人同样与日俱增。矿产资源勘探已成为一个庞大的试验场，其目的是让人类远离最危险的使命，让部分野外作业实现自动化。力拓集团开发了一个使矿产勘探完全自动化的项目，包括钻探设备、自动翻斗车和无人火车。美国研究人员设计了一款能勘探和绘制地下通道图的机器人，还能确定是否存在塌方或渗水的危险。日本小松集团在智利某矿井使用了一套全自动的矿产运输系统。无人卡车能在复杂环境中自动转向，每辆车运载的矿石达300吨，在这个为新兴国家提供发展所需原料的领域，正在引发一场提高矿业生产率的革命。

我们再看看清洗业（包括清洗地面、玻璃窗、储藏器、船舶、飞机或工业设施）的机器人。这类机器人更有自主性、更具决策性，所以一些著名技术企业正在加紧研制。日本三共公司甚至设计出一款能在地震后检测办公室、工厂和住宅区地下层结构是否受损的机器人。德国弗劳恩霍夫研究所则设计了一款能检查地下污水处理管道的机器人，测定可能影响污水流动的腐蚀处或堵塞物。

未来十年，我们将目睹建筑机器人与日俱增，它们甚至可以自动建造楼房。为此，日本多田野集团研制了一款装有摄像头和两个机械臂的起重机，可远程操控。美国研究人员正在研制一款能建造复杂结构建筑的机器人。日本藤田制作所发明了一款配有摄像头和无线通信系统的全自动建筑机，2公里范围内可遥控操作。德国福格勒推出了一款筑路机器人，可通过接收电脑指令自己行驶，无须操作人员到场，它能从事需多种传统机械才能完成的任务，自行筑路。

2013年12月，亚马逊公司首次尝试采用无人机递送邮件，这是想将顾客订购的物品绕开传统邮差，直接送到其家中。只要收件人住在独立房屋,无人机便可停在他家门口或草坪上投递邮件。不过,尽管美国在2014年就已在六个区域开放民用无人机试飞,这种运输方式也并非短时间内就能普及。根据空中机器人的飞速发展可以推测,人们将在它们身上安装各种视觉、探测、通信设备。在这一点上,法国并非无动于衷,尤其是它的航空工业历史悠久。创建于2013年6月的法国民用无人机协会已有250名成员。法国目前有20来家无人机制造商,其中最先进的是位于图卢兹的Delair-Tech公司和位于格勒诺布尔的Delta Drone无人机公司。在工业设施、网络、桥隧工程勘探方面,无人机的优势显而易见。法国铁路公司也在尝试用多架无人机监控艺术品,预防铜版画被盗。人们甚至想到新闻记者也可用无人机拍摄、追踪,再也不用爬上树干或翻越栅栏。

虽然实现空中交货的目标还相当遥远,但物流是自动化最快的行业之一。机器人已经可以找到物品,将其搬送到配送线上的正确位置或者备货。奥迪汽车公司将德国Neobotix公司设计的一套自动系统安装在它位于英戈尔施塔特的工厂,利用安装在移动平台上的六轴机器人,能连续独立工作10个小时,并负责提供汽车装配线所需的零件。

最后,不能不提机器人在医院的不同角色,它们已介入医疗的各个环节，尤其是外科。机器人能协助外科医生操作器械，根据声音做出反应或根据医生的动作提示，给他们递送必要的器械。当然，机器人还可以进行遥控手术，相当于延伸了医生的手术能力。显微外科的发展将加速手术机器人系统的临床使用。由美国直觉外科手术公司（Intuitive Surgical）设计、名为"达·芬奇"的系统，能帮助医生诊断、操作仪器或光学系统等显微设备。许多研究小组今天都在研制能在人体的狭窄区域放置导管、提高内窥镜性能的系统。2012年至2015年间，全球销售的外科手术机器人有近3750台。

今后谁来保证医院和其他敏感区域的安全？答案是：机器人。该领域的进步非常可观。德国Neobotix公司和弗劳恩霍夫研究所推出的移动机器人平台安装有传感器、麦克风、雷达、相机、运动探测器等，能在8小时里不间断"巡逻"，然后自动充电。为了覆盖更广泛区域，人们还将部署能够在地面放置各种传感器的机器人助手，它们能及时向机器人首领传递信息，任务结束后还会将传感器一一收回。新一代移动卫士能让人类避开危险，这类机器人还能通过红外传感器和热感仪，在黑暗中探测到人的踪迹，发现火焰、高温、危险气体泄漏等。

毫无疑问，上述机器人和自动设备有许多仍处于研发阶段。为进行各种活动而设计的这些机器人是否能商业化，将取决于价格和相关企业运营的经济环境。然而，有一种趋势日益明显：如果机器人越来越多地用来完成危险或艰巨的使命，其应用途径将大幅扩大，并逐步成为人类工作、娱乐、日常生活乃至并肩战斗的伙伴。这种变化由三种基本趋势所决定：在全球竞争加剧的背景下，企业的生产率竞争；在日益老龄化的社会中，人类渴望舒适和自主；在生产和战争中，尽可能地让人类远离有危险或风险的任务。机器人制造是关键技术之一，它有与互联网一样强大的力量，足以改变生活和生产活动，尤其是要将未来学者和科幻作家的直觉变为现实时：把人类智慧用于机器人。

2030年至2050年的机器人世界

机器人球队将是2050年世界杯足球赛的冠军，这是国际机器人足球杯赛计划的预测。多年来，该机构一直在举办赛事，场上球员均为机器人，包括在马格德堡举办的德国公开赛。世界各国研究人员带着自己的"球队"到这里参赛，旨在测试机器人的移动性和灵活性，当然也包括它们的游戏智能，目前这类比赛在室内或小型操场上进行。无论这一预言是否成真，它都是未来机器人发展的方向：让人类研制出越来越具有互动能力、与人类交流越来越丰富的机器人。更重要的是，要让这些机器人自主行动，自行决策，甚至为了自己的利益而重新平衡被阿西莫夫理论化的主仆关系。根据机器人虚拟化组织的一份报告①，研究人员正在撰写一篇科幻论文，构想未来15年机器人的能力。如果他们的预测成真（根据预测时间表，不可能全部实现），人们就必须有所准备，面对各领域将出现的惊人变化。

---

① 莱阿·勒热纳：《网络性爱玩具故事》，《解放报》2013年8月25日。

我们从汽车说起。作为自动设备，汽车的未来更明确，因为日产、谷歌等已研制出无人汽车的原型并且已经上路，加入到其他交通工具的洪流中。不久的将来，无人汽车将和有人汽车一样，能够驶向世界上任何有路灯和交通信号体系相对完善的城市。10年内，这些交通工具将出现在市外和非柏油路上，能对其他任何车辆的危险行为做出反应，万一控制系统发生故障，也能驶向没有危险的区域。

在汽车驾驶方面，15年后，人们将很难区分是人还是机器人在开车。无人汽车只会比有人汽车更安全，动作更准确。如果因天气导致交通条件突变，或车辆发生技术故障，机器人甚至能够自主决策。汽车将从简单的交通工具变为一种游乐、文化和社会关系的产品。到2030年，会开车就如同在1910年会驾四轮马车一样没有用处。但人们可以学习其他东西，因为有了机器人，到2030年，家庭中培养的各类大学生（包括研究生）的数量将比2008年多2倍。

未来的最大商机是机器人与人类（也称人机）之间的对接，即彼此间的交流方式。全世界的研究人员都在全力以赴进行研究，尤其是在医疗领域。得益于新设备和新算法，机器人将与医生及手术操作者不间断地交换信息。机器人还将向其他有需要的人提供帮助，尤其是老人和残疾人，帮助他们康复或代替某个受损器官，如今天的人工心脏。由卡尔庞捷教授设计、法国嘉玛（Garmat）公司制造的人工心脏于2013年12月被首次植入病人体内。第一次试验并不完全成功，因为植入人工心脏的患者几个星期后便离开人世，人类目前尚处该技术的开端。微型蛇形机器人将可以进入人体实施手术，15年内这些仅微米大小的机器人将在体液中游动并在准确部位实施治疗。专家们甚至预测，机器人将有助于治疗行为障碍或人格障碍，改善精神创伤者与他人的关系。今天的情况已经证明，人类完全能够信赖它们。

  例如，对一个患有自闭症的孩子来说，机器人完全可以在家中与他进行个性化交流，引导他融入社会。机器人会对孩子建议一系列练习，甚至能成为他的"朋友"，促使他与其他孩子互动，同时收集有关孩子行为的大量信息，进行分析后传送给医生。2014年6月，日本软银集团及其机器人子公司——法国阿尔德巴兰公司（Aldebaran Robotics）向全球新闻界推介了一款名为Pepper的机器人。这款小型白色机器人能和人类互动，并破译人类的情感密码。软银董事长孙正义说："我们推介的是一款带心脏的机器人，这在机器人发展史上还是头一回。"①

---

① 法国《回声报》2014年6月6—7日。

不管怎么说，今天的机器人还不完全是人。它会"看"东西，但叫不出名字，也不认识东西，不懂文字的意思，也不理解表意文字。它的捕捉能力仍有限，机动性也不如意，视力有待提高。然而，未来数年这些缺陷将得到弥补。科学家和工程师们正在努力攻克多个技术难关，如可辨别外形的3D视觉，在复杂环境中让机器人能自主行动。为了取一件东西，有时需要上楼、开关房门、壁柜、橱柜，挪开碍事的杂物等。要正确完成一连串的动作，机器人必须了解自己所处的环境。我们还得用一种类似于人类皮肤触感的特殊材料丰富它们的抓取能力。

研究人员也在研究是否可以让机器人具备认知能力，以便在无人的情况下，让它们成为社会成员。15年内，具备各种活动能力的服务机器人将可以像人类一样，在无组织的动态环境中进行各种活动。它们可以感知所处环境，将其变为3D影像，并在该环境中自由穿行，应对任何突变，最终完成使命。它们甚至能够聪明地改变环境，确保任务顺利完成，还能推动物体或将其转交给其他机器人，甚至准确地抛给它们。机器人还能借助数字图书馆咨询或观察其他机器人，自动提升自身性能和技能，甚至能将某种技巧用于另一类活动。未来学家雷蒙德·库兹韦尔的

第二章 "机器会狂虐不爱它们的人。"

"奇点计划"试图在30年内，研制一款能制造其他机器的机器人，制造出来的机器一个比一个智能，到2044年，人类或许将结束制造机器。有必要提一下，在公司的支持下，2012年12月开始出任谷歌工程总监的库兹韦尔创建了一所大学——"奇点大学"①。

所有这些都没有任何科幻成分，这是一项涉及动用数万科学家和数十亿美元资金的研究和试验计划。由计算机科学家，数学家，视觉、认知系统、微电子和纳米技术专家，物理学家，医生，化学家，材料专家组成的大军，夜以继日地钻研这些项目，目的是制造出那种奇特的机器，它们在计算速度、数据处理、认知延伸、抗疲劳和磨损等方面将超过人类。大家都全身心投入，发明各类机器人，如服务型机器人、工业机器人、外科手术机器人、哨兵机器人。这完全是在重建一个新的世界。

---

① 为应对未来电脑优于人脑的时代人类面临的重大挑战，谷歌、美国宇航局和若干科技界专家联合开办的一所培养未来科学家的新型大学。其主要研究领域为合成生物学、纳米技术和人工智能等。

工业4.0，悄无声息的革命

让我们暂时放下机器人这个话题。其实，好莱坞的编剧们搞错了问题。机器人还未在全球商界夺权，这种情况首先发生在企业界。这或许是一个不太好的剧情，但已经开始的机器人革命超越了科幻作家的想象，来势也更加凶猛。毫无疑问，工业领域的机器人和自动设备并非新鲜玩意儿。从20世纪60年代开始，它们就已进入工业领域，尤其是在汽车行业。程控机床、焊接和喷漆机器人、遥控车、自动搬运和装配设备早已成为工厂和仓库的组成部分。然而，新一代设备与过去的设备没有任何相似之处，因为它们的智能化程度越来越高。由于有了互联网，这些智能设备能够彼此连接并进行交流，而且日益小型化，能够直接植入产品。工业自动化、微电子、纳米技术、数字化与互联网相结合，的确在引发一场新的产业革命，但不如此前的革命那么出人意料，因为这些系统的门外汉似乎感受不到，然而这场革命的影响却可以与汽车和电脑的发明相提并论，这便是今天人们所谈论的"工业4.0"。

萨尔州既不是德国最大的州，也不是最富有的州，其州府萨尔布吕肯是一座幽静的城市，离法国只有几公里。这里曾有巴洛克艺术建筑大师弗里德里希-乔基姆·斯坦戈尔设计的杰作，这些毁于战火的建筑后来按原貌重新修建起来。今天，萨尔布吕肯最宝贵的资产是1948年在法国保护下创建的大学，目前该校约有18500名在校生。德国的大学主要依靠州财政，尤其是理工大学，所以这些州也是大学的"主人"。此外，它的财源还依靠与企业［如位于亚琛的德国意昂（E.ON）集团能源研究中心］或大型应用研究机构（如弗劳恩霍夫研究所）签署的研发合同。因此，每座大学都致力于将自己打造成一流的主要研究领域的中心。

萨尔大学在两个关键学科实现了这一目标，一个是人工智能，另一个是未来工厂。该校在这两个学科已达到世界先进水平。萨尔大学是德国的人工智能研究中心，由著名的沃尔夫冈·瓦尔斯特教授领导，他不仅是业界的世界级权威，还是计算机语言学尤其是人机对话的专家。一切都是在位于校园的大型办公室完成的，这便是明天的工业，源自现实世界和虚拟世界之间的融合，专家们今天称之为"信息物理系统"（CPS），一个具有广阔前景的项目。它将功能强大的自动化微电脑组装起来，形成网络，把各种资源、信息、人和物相连，形成一个庞大的物联网和服务网。沃尔夫冈·瓦尔斯特毫不犹豫地谈到了"第四次工业革命",这是继18世纪蒸汽机、20世纪初电力和国际大分工、20世纪70年代初电子和信息技术之后的又一次革命。物联网和服务网的出现,使整个生产流程和工厂在"信息物理生产系统"(CPPS,一种数字链)内变为"智能空间"成为可能,使生产、储存、分销和服务实现一体化。当然,这需要使用各种微电脑、传感器、机器人、微型计算机,如瓦尔斯特所言,它们形成了"一个庞大的虚拟蚁群,虽然看不见,却参与了产品的制造"。

第四次工业革命的一项重要发明是产品的数字记忆,这是一种微型"黑匣子",植入每个产品,记录自己的生产流程、维护、循环过程,类似于航行日志或物品记录。西门子公司的研究人员就这一问题撰文说,他们甚至预测,由于有了"记忆卡",产品之间、产品与消费者之间可以交流,能根据自己的成分和所在超市货架的情况进行自主定价。①瓦尔斯特举了一个比较有说服力的例子来阐述智能工厂的概念:"就拿早餐的谷物来说吧:通过网上订购,我们可以在各类谷物和水果间,根据自己的口味进行搭配。订单传送到能满足这一配比要求进行包装的工厂,

---

① 克里斯蒂安·塞茨、克里斯多夫·莱格特、约尔格·尼迪格:《给物联网嵌入语义记忆》。

第二章 "机器会狂虐不爱它们的人。"

除非您改变这一配比,否则它将一直保存在记忆中。"表面上看很简单,但在传统的生产格局中是不可能做到的。要实现这种生产行为的个性化,需要一条尖端的信息链和机器的模块化,只有"信息物理生产系统"能使之成为可能。对消费者本人而言,产品的过度"定制化服务",管理起来毕竟太复杂,但并非不可能,这就需要引导机器独立做出判断,选择最适合消费者的产品。

尽管如此,定制化服务趋势仍在发展。谷物的订制方式同样可以应用于汽车、运动鞋或其他消费产品,这种个性化可能意味着一种重要的销售手段。然而,只要将机器人、计算器、传感器、产品记忆、数据处理引擎进行巧妙结合,就能让目前仅极少企业能做的事情获得成功。

未来工厂的另一特征是"机器人将走出牢笼",如沃尔夫冈·瓦尔斯特所言。今天,工业机器人与操作人员彼此分离。对操作人员来说,机器人意味着一种危险,因为它们个头硕大并且从事重型作业,如加工或装卸零部件。实际上,大多数机器人都关在笼子里,未输入与操作人员接触的程序,以避免对操作人员的身体造成伤害。在未来,新一代轻巧而灵活的机器人将与人类在同一岗位并肩工作。机器人装有3D摄像头,会使用产品,甚至接收有关产品的提示。在汽车装配线上,工人和机器人将并肩坐在汽车里，完成各自的装配工作。"在奔驰S级汽车的一条装配线上，工人能圆满完成对木质护板的抛光，因为只有他能够完成这一任务，而他身边的机器人则在进行其他作业，并服从他的指令。如果它感到此人碍事，甚至会将他推到一边。"沃尔夫冈·瓦尔斯特描述道。机器人监督操作员的时代已为时不远，因为机器人比有血有肉的同事掌握的信息更多，并储存在记忆中。而且机器人的费用明显更低（如每月的耗电量只值约20欧元）。当然，这涉及人类在未来工厂中的地位问题。另外，人们开始考虑这种共处在劳动法方面的后果，以及在事故风险或人身伤害方面需要采取的法律措施。

当今德国处于工业4.0的尖端一点也不让人意外。工业是德国经济增长的关键，每年带来1600亿欧元的贸易顺差。德国工业以技术能力和创新能力著称，直接或间接雇用了一半的德国人。德国是全球工业设备的领头羊。为了能够在2020年前后发明一批新技术并让它们发挥杰出作用，德国政府创建了"科学–产业经济研究联盟"，由科研部部长挂帅。该联盟包括30多个部门的代表，德国企业巨头阿伦德·厄特科尔和弗劳恩霍夫研究所主要领导汉斯–约尔格·布林格分别出任副帅。我们从中发现了著名的气候、生产系统、人工智能（沃尔夫冈·瓦尔斯特）、环境等领域的专家和包括戴姆勒、WITTENSTEIN、西门子、巴斯夫等著名企业以及风险资本的代表。德国国家科学和工程院院长孔翰宁也在其中。该小组的组成并非无关紧要，因为它将科学与工业结合在一起，直接由政府领导，德国总理默克尔多次参加该小组会议。这一机构充分证明，德国政府十分重视工业领域的技术竞赛。小组的工作计划涉及四大主题：气候与能源、健康与食品、安全、移动性与通信。

该联盟将确定德国未来工业领域的战略。工业4.0是政府的一项优先战略，该研究计划将投入5亿欧元，其中2.5亿欧元来自公共基金。联盟就这一主题发表的报告直奔这场新工业革命的利害关系，报告①由瓦尔斯特教授和孔翰宁共同起草。他们综合了企业界（德国所有著名企业）、大学和研究机构的意见。第一个证明：由于物联网和服务网的建立，智能工厂必须以凡物均"智能"为前提。通过智能网络提供能源是真实可信的；由于电动汽车的发展，流动性也是真实可信的，就像医疗界有了新的治疗系统和医学机器人一样。今天，德国所有研究这一课题的人都认为，工业4.0将以生产系统完全自动化为特点，并实现自

---

① 沃尔夫冈·瓦尔斯特、孔翰宁：《确保德国制造业的未来——对实施工业4.0战略举措的建议》，2013年4月，http://www.forschungsunion.de。

我控制。在整个生产环节中，所有产品能逐个核对并详细记录自己的生产过程。消费者可以更直接地介入产品的设计，员工则可以从所有常规任务中脱身，专心于操作和设计自动智能单位，由于流程的虚拟化，甚至可以远程操作。

具体来说，这一切意味着什么呢？以下两个简单例子可以帮助我们了解即将发生的变化有多大。第一个例子来自汽车工业。今天，汽车制造是在静态生产线上进行的，这类生产线制造同一型号的不同款式，工作的性质由生产线的功能决定，将某位顾客的个性要求纳入其中是不可能的，将某个来自另一型号的配件装在一个特殊型号中（如将保时捷的座椅装在大众上）也是不可能的。

明天，工业4.0将可以建立动态生产线。汽车将成为一种可以在不同生产线自动变换位置、从一个CPS（信息物理系统）转入到另一个CPS的智能产品。对不同型号的设备进行混装，满足个性化需求（如将保时捷的座椅安装在大众上）将成为可能。汽车会自动驶向相关生产线，该生产线会准确地将保时捷911的座椅安装在特定的大众高尔夫汽车上。第二个例子涉及生产系统远程操控。今天，随着操作人员和机器间的个体连接，这种操控已成为可能。由于有了调制解调器，一般情况下，技术人员通过一个虚拟专用网直接与机器连接,目的是诊断故障,缩短停机时间。但这种格局管理起来很烦琐,必须在控制者和每位顾客之间创建一种程序。明天,技术人员不再需要与机器连接。生产系统会像"社会机器"一样运转,在类似社交网站的网络内,自动与"云"端中的远程平台连接,搜寻能解决该问题的专家。专家则可使用一系列技术和虚拟工具进行维修作业。机器将自动接收这些信息,不断自我改善性能和可靠性。换言之,全球信息"云"(具体地说,就是设在地球某个服务器区的信息服务器)中的一个远程虚拟平台就能保证对德国或美国成百上千台机器或生产系统进行自动监控,专家通过手提电脑或智能手机就能解决机器遇到的任何问题。无论身处世界何处,都可以坐在沙发上轻松进行干预,一种逻辑颠覆由此出现:过去,操作人员是在远离城市的工厂里。明天,操控人员将远离设在消费中心的工厂。

法国同样致力于工业4.0。我们知道,这一内容是阿尔诺·蒙特布尔34项振兴计划的组成部分。计划负责人是工厂和生产系统设计者、法孚集团(Fives Group)董事长弗雷德里克·桑切斯和3D软件专业制造商、达索系统集团董事总经理贝尔纳·查尔斯。弗雷德里克·桑切斯简要地说:"工厂4.0的原则是对连成一体的机器实行远程管理,使机器运转和性能达到最佳状态，减少工业设施对环境的影响。"法孚集团已为一家钢铁厂设计出第一个数字炉，上面安装了很多传感器，能够进行预防性维护并降低30%的能耗。这是一座远程操控的数字钢铁厂，人们可以坐在控制室里改变生产参数，实时监测生产情况。在一家水泥厂，水泥粉碎机装有传感器，能够不间断地监测零件的磨损情况，因此操控人员可以在机器发生故障前就进行预防。在大量消耗能源的工业流程中（汽车生产线即使是在休息时间，设备仍处于工作状态，浪费的能源达到总量的12%），降低能耗是一个亟待解决的问题。

当然，在弗雷德里克·桑切斯看来，另一个目标完全符合"轻足迹"逻辑：将工厂搬回城市，降低运输成本和基础设施费用。将工厂设在农村，需要建一系列设备，尤其是公路甚至铁路，这对环境的影响可能十分严重。第一个类似例子来自毗邻斯图加特的费尔巴赫市专门制造精密工业仪器的威腾斯坦公司。在该市的一个住宅中心区建了一座零排放、零噪声的铝部件厂，工厂员工全部步行或骑自行车上班，该厂被视为"未来城市工厂"的典范而在德国推广。

至于达索集团，目前处于工业4.0的中心，通过其3D软件和虚拟平台，可以创建虚拟工厂，让它像实体工厂一样运转，让工厂性能保持最佳状态，而操作这一切就像是玩视频游戏。因此，甚至在工厂建好前，所有机器和生产过程都可以进行虚拟测试。例如，由于人为因素（幸运地）消失，可用3天时间（而非今天的3个月）启用一座汽车工厂。

此类未来工厂的一个重要组成部分将是3D打印。按照CAO（计算机辅助设计）工具画出的图纸，一部打印机就能制造物体，将合适的材料（如塑料或金属）一层一层垒起来，成为一个整体。所以，3D打印机能制造出汽车仪表盘，并上好油漆。2014年1月，3D打印机全球领头羊美国斯特塔西公司推出了第一款3D彩色打印机，它能一次性完成由三种不同材料和三种颜色（青、品、黄）组成的物体，这意味着这项技术取得了重大突破。3D打印的第一用途是制造产品原型，并检验设计师的灵感是否可行，这样可以避免设计和制造的漫长过程。新一代3D打印机能加工金属，如钛金属；当然也可以加工其他更特殊的材料，如用于制造假肢的类人类软骨。它还能根据图纸制造大型物体，打印速度也日益提高。随着这项技术的日益发展，在缩短测试、工具设计周期的同时，生产过程也将更加灵活，制造出传统机器无法生产的零件和物体。波音公司用

3D打印机制造了200多个用于10种型号飞机的零件。这项技术还能让某些企业跳过原型和工具设计阶段，直接从设计进入生产，花少量钱即可进入一个新型市场。专家们称这是一项"颠覆性技术"，能够在某个特定市场突然改变自己的竞争位置。这就是为什么全球3D打印机的销量能够以每年60%的速度增长的原因。

工厂不久将进入"云"端

人们似乎看到了未来的世界,正加速迈向自动化、机器人化和物联网。物理世界正成为一个巨大的信息和通信系统。"物理网络"的新现实是,物体和机器能够自我管理并不断自我完善。世界上所有物体将彼此连接。这场名副其实的技术海啸将导致工业(即经济的相当一部分)发生示范性转变。一个国际顾问小组曾就这一主题举办了一场辩论会,德国罗伯特·博世集团董事会副主席西格弗莱德·戴斯在会上谈及这一变化时说道:"任何进入制造流程的物体都能够说'我是某某零件,是某顾客订制产品中的一个部件'。进一步说,某个部件事先已经知道产品完成后要交付哪位顾客,并记录何时何地进入制造流程的信息。这一零件装入机器时,能发现任何与预定程序不相符的偏差,知道工序结束后如何到达终端顾客手中。"他还补充说:"需要处理大量数据,才能让生产流程稳定并可重复。这意味着需要进行大量运算,所以明天的工厂将为获得一流数学家和分析师的服务而展开激烈竞争。"因为,任何程序错误都可能导致破坏性后果,工业控制系统的任何安全缺失，都可能使其成为各类黑客唾手可得的猎物。

在物理世界的这种非物质化背后，另一个概念开始出现，即"云制造"。这一概念完全和"云计算"一样，在"云计算"时代，企业在服务器园区和计算中心的某个区域储存信息并进行数据处理，它不是"云计算"的主人，但可以"租用"其处理能力。未来的企业可以向全自动化、彼此连接、距离基地几千公里的大型独立生产平台"租用"工业流程的某些部分并实现远程操控。再也不用管理沉重的工业投资，也不用分包业务，对它们进行监控即可，简而言之，彻底地实现"轻足迹"。

在谋划企业未来的圈子中，无论是领导还是顾问、专家、科学家，"颠覆（disruption）"是他们用得最频繁的关键词之一。这个词在法语中的字面意思是"扰乱"，也有译为"中断"的。这个词尤其被广告代理商让-玛丽·德吕在一本划时代的书[1]中用成了热词，并被哈佛大学教授克雷顿·克里斯坦森理论化[2]。"颠覆"成了2014年达沃斯世界经济论坛的主题词之一，那次论坛的多场会议和研讨

---

[1] 让-玛丽·德吕：《颠覆》，地球村出版社，1997。
[2] 克雷顿·克里斯坦森：《创新者的窘境》，哈佛商学院出版社，1997，哈珀·柯林斯出版集团，2002。

都在讨论著名的技术"颠覆"。在其中一场辩论中，研究新技术对企业冲击的国际专家、企业2.0概念发明者、麻省理工学院斯隆商学院商务中心副主任安德鲁·迈克菲（其博客①在全世界备受关注）对这种技术颠覆的性质做了如下概述："今天我们已习惯于数字文本、声音和图像。然而，有趣的是，其他很多信息也在数字化。由于有了社交网络和社交媒体，我们的社会关系也在数字化；由于有了监测工业品属性的各类传感器和探测器，物理世界的特征在数字化；由于有了全球定位系统和智能手机，我们的出行也在数字化。"

还有一个疑问：这些技术已存在多年，为什么我们还要说是"颠覆"呢？无论是机器人、互联网、电脑设备，还是数学、信息和电信技术，都不是新东西。这是因为其影响比人们十几年前预想的要快得多，来势也凶猛得多。迈克菲与麻省理工学院的同事合作完成了一本书②，他在该书中解释说，这些年来，我们在数字技术领域取得的进步无疑给人们留下了深刻印象，但与未来的技术相比，这些可谓无足轻重。"我们处在第二个工业时代的黎明，要明

---

① 网址是http://andrewmcafee.org。
② 埃里克·布吕诺尔夫松、安德鲁·迈克菲：《第二个机器时代》，诺顿出版公司，2014。

白这一切为什么发生在现在,首先必须弄清楚数字时代技术进步的性质。尤其要了解数字时代的三个关键特征:曲线上升、数字化永无止境、数字时代是组合式的。"

20世纪60年代,美国仙童(Fairchild)半导体公司工程师戈登·摩尔预测了电脑的飞速进步。他提出,当价格不变时,集成电路上可容纳的元器件数目约每隔18至24个月便会增加1倍(即著名的摩尔定律)。但是,他并未指望这种现象能够持续十几年。这显然是错误的,因为根据这一定律,在接下去的40年里,信息产业在不断发展,专家们认为,至少15年内是如此。这是因为,研究人员在不断发明处理和传播与日俱增的信息的新手段时,也在不断推翻物理定律。近40年来,人类社会每五六年就完成一次技术飞跃,没有任何理由认为这一节奏会放慢。为证明指数效应的力量,迈克菲借用了美国著名未来学家、奇点大学创始人雷蒙德·库兹韦尔在一本书[1]中讲到的皇帝与象棋的故事。象棋发明于公元6世纪的印度笈多王朝时期。据说,象棋的发明人来到皇宫,向皇帝介绍他的游戏。皇帝被游戏的复杂性和美妙深深吸引,于是问发明人想要什么作为奖赏。发明人连声道谢,他说:"我只想要些稻谷供养家

---

[1] 雷蒙德·库兹韦尔:《灵魂机器的时代:当计算机超越人类智能时》,企鹅图书公司,1999年。

人。"他提出用棋盘确定他想要的稻谷数量,"第1格放1粒谷子,第2格放2粒谷子,第3格放4粒谷子,以此类推,每格的谷粒都是前一格的2倍。"皇帝对此君表面上的谦逊产生了深刻印象,同意了这一要求。

然而,皇帝并未想到棋盘64格要放的谷子数量达到18000000000000000000余粒,超过了当时人类有史以来收获的稻谷总量。意识到自己受骗后,皇帝决定将这个过于狡猾的家伙斩首。库兹韦尔用这个传说证明,人的大脑很难评估指数现象的影响。他的棋盘"第二部分"理论就发源于此。到了第32格时,皇帝还只给了40多亿粒稻谷,相当于一大块稻田的产量,因此仍是人直观上可以接受的。但进入棋盘第二部分后,情况变得糟糕起来。我们对数字的指数增长失去了概念。信息技术的现象与此有些类似。数字化引起的数据爆炸完全复制了棋盘的故事,自动设备和机器人的性能也一样,明天它们将装上人们几年前还不可能设计出的流动装备、视觉装备、智能装备。就像布吕诺尔夫松和迈克菲注意到的那样,索尼公司的Playstation 3拥有强大的计算功能,相当于1996年美国政府为模拟核爆炸而设计的世界上功率最强大的电脑,我们现在恰好是在进入棋盘的第二部分。

至于数字化,它指的是将包括媒体以及源于工具、机器和传感器等的数据在内的任何信息转换为信息语言的能力，它对技术发展具有重要的加速作用。因为新技术的结合将使技术的发展大大提速。"技术不会被耗尽，只会日积月累，数字世界永无止境，它正在占领物理世界，朝无人汽车和无人飞机、直接制作物体的3D打印机方向等发展。随着时代进步，摩尔定律让电脑、传感器、自动化设备的价格呈曲线下降；苹果手机的应用开发导致一些传感器的价格大幅下降，如高度表、加速测定器和GPS方位标。'创新圈'与日俱增，为技术进步提供了良机，也为各种技术结合不断创造新的可能性。"兴奋的布吕诺尔夫松和迈克菲继续写道。如果技术发展仍保持这种节奏，未来学家对未来的预测将不再权威。恰佩克想象的机器人与富士康安装在中国工厂的机器人相距近90年。从对智能电话的最初预测到实现智能手机目前的各种应用，也只花了十几年。2000年，法国电信运营商奥朗日（Orange）公司的未来学家肯尼·希施豪恩在一间巨大而几乎空旷的办公室，当着法国电信公司总裁的面，进行了一次令人印象深刻的演示，他指着一部移动电话问道："这是什么？"我们试着回答说："一部电话。"他看了我们一眼，沮丧地说："我再重复一遍我的问题：'这是什么？'"他再次指着他的手机。我们回答说："一部移动电话。"他回答说："令人失望，如何才能让你们明白？这不是一部电话，这是你们生活的遥控器。"于是，他给我们播放了一部小电影，影片讲述了加利福尼亚一位企业家某一天的生活。一个阳光明媚的早晨，这位企业家起床后，先在手机上查阅日志，上车后开始发送信息，调整各种约会并奔赴其他地方。这时，他接到手机自动警告，告诉他汽车要进行一次检修，通过电话与车行约好的时间是当天下午，正好在他下午3点的约会前。

当天晚些时候，坐在车上的他接到一位护士的电话，向他发来太太接受B超检查的现场图像，她已怀孕数月。这一天是在晚霞中结束的。坦率地说，我们还认为这只是科幻片。当时，法国电信刚刚收购奥朗日公司，工程师们都在关注即将诞生的3G网络技术，没有人研究应用程序。他们没把希施豪恩的话当回事，后者因此离开了奥朗日公司。如果当时有人对"这是你们生活的遥控器"这句话和那段视频予以更多关注，法国电信或许能够赶在苹果公司之前发明智能手机。换言之，必须未雨绸缪，不应将注意力集中在大家都关注的问题上，而应关注明天的问题。

2002年，美国国防部高级研究计划局向美国研究人员发起第一次大挑战，推出一款全自动、能在加利福尼亚州莫哈维沙漠行驶、时速达150英里（约241.4公里）的汽车，很多人认为这是一项无法完成的挑战。2004年3月13日样车进行展示。15支车队在沙漠上展开追逐，经过3小时的竞赛，仅有4辆车仍能行驶。获胜队是卡内基梅隆大学队，他们的车辆跑了十来公里，才在路边停下。专业报纸以《沙漠中的崩溃》为题做了报道。6年后，谷歌宣布，该公司的一辆无人汽车加入到美国公路的车流中，行驶数月未发生车祸，仅因司机分心发生了一次追尾。

2012年，美国国防部高级研究计划局又发起一次预算金额高达8000万美元的新挑战——"美国国防部高级研究计划局机器人挑战赛"。这次挑战涉及自动化设备，目的是开发能在危险和恶劣环境中执行复杂任务的机器人。参赛者必须是从事机器人设计的专业公司，参赛机器人须配备各种工具和仪器，从钻子、螺丝刀到自动车辆，要能在不同条件下使用，这就要求机器人具备适应环境的能力，能够完成与人类的任务几乎相同的任务。招标细则甚至明确规定，这些机器人必须会开车，能清理堆放在大楼或工地入口的杂物，爬梯子，关阀门或换水泵。当时的机器人都无法完成这些任务。2013年12月，在迈阿密举行的首场挑战赛聚集了主要参赛选手。由日本工程师设计的沙夫特机器人轻而易举地占据上风。这款机器人成功爬上一个有八档的梯子，开吉普车穿过好几个门，移走设在路上的障碍物，用气动工具在墙上打洞，接通一处水管并关闭一连串阀门。2014年年末的挑战赛对样车进行了最后展示，没有人怀疑它们当时处于尖端。对自动化工业来说，此次挑战赛可与2004年无人汽车挑战赛相提并论，它再次证明了指数效应。

  棋盘的第64格会发生什么情况呢？前景还不是太明朗，因为缺乏足够的资料，但一定是光明的。计算机的威力、海量数据和数字化功能、机器结合的指数效应、系统和人工智能等，正在创造一个现实与虚拟日益融合的世界。人与电脑之间，甚至不再是竞赛问题。因为"第七大陆"（即互联网世界）正将我们吸入一个错综复杂的网中，在这里，我们的生活将数字化，而它的编织者是正在成为未来真正资本力量的企业。与此同时，这些企业正在将过去的公共空间私有化，这些便是明天的新兴"国家"，甚至可能成为新的"帝国"。

三藏游记

在我西行期间,遭遇了不计其数的妖魔鬼怪,例如这个魔鬼,下面的诗句比长篇大论更让人一目了然:

> 雄威身凛凛,猛气貌堂堂。
> 电目飞光艳,雷声振四方。
> 锯牙舒口外,凿齿露腮旁。
> 锦绣围身体,文斑裹脊梁。
> 钢须稀见肉,钩爪利如霜。①

这还不包括卧在河底的龙、妖怪、巫婆、会说话的山、会变云的蛇。在中国的古老传说中,往往会出现扮成人类的神兽,不是追杀人类就是拯救人类。然而,任何机器都不会自称能干农民、商人、工匠或官员的活。只有国王能根据帝国利益的需要,组织人类活动,无须自动化设备来协助他的臣民的工作。这并不是说法国就没有和其他

---

① 《西游记》第十三回。

国家一样制造过这类设备，比如在埃及。但法国制造的是玩具、公仔、娱乐工具等。据说，曾统一度量衡也搞过焚书坑儒的中国首个皇帝秦始皇就是一个伟大的自动设备爱好者。因为他时刻提防着身边的人，无法忍受这些人形影不离。起初，一名京城工匠呈送给他一支玉笛，上面刻着马和战车，笛子吹响时，马和战车便动了起来。后来，皇帝想要一支真正的乐队，于是由两名藏在屏风后的人操作12个脸上涂彩、呈蹲姿的铜人演奏不同乐器，直到有一天，这位天才工匠发现了一种能让它们自我表演的方法；接下来是狩猎场景，机械狗在追逐鹿，老虎在吞噬牛；再后面是端着菜肴和饮品的漆木侍从、跳舞和斟酒的女仆、水上运动，用人物和活动来表现神话场景。最后，皇帝让自动设备分别扮演大臣和姬妾，在一大群机械达官贵人面前模拟早朝。他还让人在其陵墓中安装了效仿水和天体运行的系统和一支弓弩队，如果有人试图闯入墓穴，弓箭就会自动发射。

很快，所有皇室作坊不再干其他活，专做自动设备。[1]然而，这一切只是某个人的狂热，他在寻找长生不老之术，并希望臣民像自动设备那样顺从。

---

[1] 乐唯在《伟大皇帝及其自动化设备》一书中把秦始皇的故事讲得栩栩如生，阿尔班·米歇尔出版社，1985。

现在，我们进入了一个新的地带，即棋盘的第64格。过去，我们不知道何为指数现象。所以，当时新技术的传播速度缓慢，原因是人们要一个一个省份地进行推介。当然，传播速度也取决于人脑适应它的速度。但我明白，今天机器人能够自我制造。以指数式和组合式迅速发展的新技术，是对人类大脑发起的一场真正挑战。

我了解到，讲述棋盘故事的未来学家雷蒙德·库兹韦尔在美国创建了奇点大学，任务是"教育、启发领军人物，教给他们应用指数技术的方法，迎接人类的重要挑战"。恰如其分……或许我应把伙伴孙悟空派到那里……以前，人们赋予一些物体以魔力，明天，物体将与看不见的世界连接，因为整个世界正变成一系列的"0"和"1"。我们不应忘记创建这支由机器人、自动设备、电脑、超级计算机、信息服务器等组成的庞大影子部队的深层原因，目的是尽可能摆脱"人为因素"，生产数量更多、性能日益先进、成本越来越低的物品。这条巨型电脑与自动化生产线实际上是想生产海量财富，满足个人而不再是集体欲望，以自动伙伴或仆人的形式，给人类提供服务或补充劳动力。通过人与机器的这种奇特组合，人类会找到幸福吗？这是一种新的冲突还是财富与和平时期的到来？这很难说清。还有一个细节：你的自动驾驶的汽车不会令我印象深刻，我的龙马能胜任更伟大的壮举。

当然，还有其他东西在考问我这个聪明的老人。从前，人类是在两个彼此分离的空间演变：一个是公共空间，人们在这里受到他人的关注和评判，无论从事何种性质的职业，有时都得屈从于他人的权威；另一个是私人空间，即自己的家，这里有家人、书籍、朋友、对长辈的记忆、花园相伴，还可以有最隐秘和最自由的想法。人类正是在公共空间和私人空间、外部和内部的平衡中，找到施展才华的路径。但现在，房子的屋顶、花园的墙壁、卧室的门帘、书房的门都被掀开，支离破碎，人类像一只粘在蜘蛛网上的昆虫，赤身裸体地暴露在光天化日之下。没错，这就是"第七大陆"在全世界编织的网，现在我和伙伴们正在靠近它……

第三章

"事实上,私生活极可能只是一种异常。"

——温特·瑟夫(谷歌副总裁兼互联网顾问、"互联网之父"之一),2013年11月

互联网的历史就是殖民掠夺史。正如18世纪，当私人企业成为大片疆土的实际主人，在那里立法、维护秩序并攫取巨额财富时，人们都很喜欢它们。出于私利而强占公共空间的最好例子是英国东印度公司。它是1600年由英国政府特许设立的一家从事殖民事业的公司，股东均为个人。1757年至1858年的100年间，该公司是印度的"主人"，之后被"转让"给了英国政府。殖民时代最著名的贸易公司与互联网之间是一种什么样的关系呢？两者均为逐渐被"私有化"的公共领地，为私有经济代理人带来了巨额财富，且不受国家的任何监管，由公司的军队（而非女王的军队）在印度维护统治秩序。

每个人都知道互联网的诞生历史。它源于美国国防部高级研究计划局的前辈在1968年发起的一场比赛，目的是让两名信息研究人员伊凡·苏泽兰和鲍勃·泰勒的最初直觉和体验成为现实。他们曾设想将多台电脑连接起来，形成一个网络。当时，美国十几所大学都致力于该项目的研究，并于1969年10月催生了阿帕网。目的并非像人们常说的那样，创建一个能抵抗核攻击的军事指挥系统，而是把美国不同的信息研究中心的强大电脑连接起来。

最初连成网络的是斯坦福大学、加州大学洛杉矶分校和圣巴巴拉分校、犹他大学等的研究中心的电脑。直到1970年3月，东岸的电脑才第一次联网。1973年，该网络跨越大西洋，与挪威一个专门探测地震和核爆的研究中心连接。10年后，军方脱离该网并创建自己的网络（军网）。1990年，阿帕网消失并融入互联网。最初，万维网（World Wide Web）是互联网促成的服务之一，这一服务能让电脑彼此共享资料和资源。这是一个"公共"空间，研究人员、企业家、大学生都能在这里交换知识、信息，互相联络。接下来的情况尽人皆知，可以一笔带过。网络的商业潜力是在20世纪90年代中期开始发掘的。1998年，谢尔盖·布林和拉里·佩奇用100万美元的启动资金创建了谷歌。当时，他们完全没有考虑过自己的企业是否具有商业潜力。两位数学天才只是想给网络上的所有网页做索引，正如谷歌"史学家"肯·奥莱塔所述的那样："他们发明了一种独一无二的东西，但又不同于历史上的任何一项著名的技术突破，如图书取代了纸卷，电话取代了电报，飞机取代了轮船。谷歌的'产品'并非是一种有形物体，而是一种抽象的东西，即知识。"[①]2000年10月，他们在测试第一个关键词搜索程序"AdWords"时，发现了马丁格尔策略。

[①] 肯·奥莱塔：《谷歌：一如我们所知的世界末日》，企鹅出版社，2009。

第三章 "事实上,私生活极可能只是一种异常。"

互联网,私人财产……

在互联网的世界里,2000年相当于中世纪。短短17年间,起初对充满激情的科学家和数学家来说还是一个研究课题的东西,现在已形成一个独立世界。地理学上的大陆有物理和地质界线,互联网则没有任何界线,它是一个可以无限扩展的空间(棋盘第二部分定律),其发展的唯一限制仍旧是人,即今后人类的网上活动和上网时间。互联网和万维网出现以来,使用人群已经发生变化。"互联网的应用在不断发展,人们清楚地看到,三代网民接踵而来。在采用临时连接的第一代后,是可持续上网的第二代,随着'云'的出现,第二代互联网也将随之消失,第三代不仅可以持续上网,而且终端上还保留着上网的个人数据和网上内容。"让-弗朗索瓦·福格尔和布吕诺·帕蒂诺写道。他们还写道:"云一代可轻而易举地与怪兽共舞,通过数据的你来我往,与一个不知疲倦且热衷于海量信息的超级媒体进行交流。多媒体、超级文件和高流量的结合生成了一部巨型内容机:流量任意使用,多载体随处可得，各类文件、图片和视频信手拈来。"①

下面的数字令人目眩：2013年，全世界的移动通信服务用户达到68亿，几乎相当于全球人口；互联网用户接近30亿，相当于地球人口的40%；上网家庭达7.5亿个。②互联网每秒钟发出的电子邮件达2.4亿封，上传YouTube网站的视频达30个小时，登录脸书的用户为27.7万个，谷歌的搜索达200万次，另有200万个"帖子"在博客网站发表。据"MBA在线"进行的一项研究，2012年，iPhone每天的销量超过了新生儿的数量（前者为37.8万，后者为37.1万）。假设全世界每天人均上网1小时，全球每天的上网时间加起来约30亿小时，相当于1.25亿天或34.2万年。正如吉尔斯·巴比奈特描述的那样，"对整个人类来说，数字革命意味着一次重大突破③"。

福格尔和帕蒂诺影射的"怪物"已分娩出一批食人魔。企业股票的市价总额较好地显示了世界经济内部结构的变化。然而，也有企业在上市几年后从全球最高市值一路下跌的情况。一项研究表明，互联网、电信、计算机

---

① 让-弗朗索瓦·福格尔、布吕诺·帕蒂诺：《数字条件》，格拉塞出版社，2013。
② 国际通信联盟2013年公布的数据。
③ 吉尔斯·巴比奈特：《数字纪元，人类的新时代》，摆渡人出版社，2014。

产业已经取代了能源行业的经济地位。[1]2008年以来,苹果、谷歌、IBM、亚马逊、三星电子、eBay的市值呈爆炸性增长(苹果增长2倍,脸书增长1倍,亚马逊翻两番),而石油和天然气行业的明星企业则严重贬值,如全球天然气巨头俄罗斯国有天然气公司的市值已缩水2/3,壳牌石油的资本只是保持平稳,苹果的市值是雀巢的近2倍,谷歌的市值比道达尔多1倍,高盛的市值只有亚马逊的一半。毫无疑问,从本质上说,股票现价总额是可变的,但它反映的趋势是持久的。20世纪80年代还只是一种智力和科学游戏的东西催生了新的资本巨头。对虚拟世界的掌控创造了一种看得见的财富。2014年1月公布的另一项研究表明,"第七大陆"的五家企业(苹果、微软、谷歌、威瑞森和三星电子)2013年年底掌握着4000亿美元的流动资金,相当于阿联酋的国内生产总值[2],几乎相当于2012年年底CAC40指数[3]中法国企业所持流动资金总数的3倍[4]。

短短十几年,G.A.F.A.及其中国"表兄弟"B.A.T.和生活在其生态体系的其他生物成功占领了互联网大陆并将

---

[1] 《全球上市公司100强》,普华永道,2013年6月。
[2] 德勤研究,《金融时报》2014年1月21日。
[3] 法国重要的股价指数,由巴黎证券交易所以其前四十大上市公司的股价编制而成。
[4] 《BP金融研究》,2013年5月。

其私有化。在这种掠夺中，谷歌发挥了决定性的作用。为了全面而彻底地索引网络的所有网页，布林和佩奇创建了一种独一无二的模式，即建立在完美技术基础上的万能垄断，一种涉及新型服务和高效利用网民个人数据的创新，通过对数据的分析、处理和利用，将其变成不同形式的广告，"创造"收入。布林和佩奇应该是最早看到网络彻底性、无界特性、提供收集数据机会的人。他们没有发明"数据挖掘"或者网络广告专家所谓的"分析工具"，但由于掌握了技术，拥有庞大的用户群以及算法上的创新，同时利用电信巨人在数据传输网络的巨额投资，他们将系统"工业化"了。因此，必须清楚地看到，互联网不再完全是为了向人们传播技能、免费开放的知识天地以及宣传自由、民主和尊重人权的价值。无疑，它仍具有这一职能，然而，当它今天被认为是一种可能是未来世界上最强大的经济生态体系时，这一职能已处于次要地位。

第三章 "事实上，私生活极可能只是一种异常。"

谷歌，机器人与温度调节器

未来，"第七大陆"将围绕哪个轴心发展？我们先看看G.A.F.A.及其同行业务范围的扩张。我们最早得到的信息是谷歌提供的。2013年，位于加州山景城的谷歌总部加大了在机器人领域的收购，仅半年就收购了10余家公司，包括曾为美国国防部高级研究计划局等机构效力的波士顿动力公司（Boston Dynamics，该公司研制了能在战场上运送士兵全部装备的大狗机器人Big Dog、人形机器人阿特拉斯机器人Atlas以及猎豹四足机器人Cheetah）。该公司生产的机器人移动速度可达到时速50公里，是世界上行走速度最快的机器人。

谷歌的其他斩获包括日本工程师在2011年创建的Schaft Inc（该公司设计的双脚机器人参与了福岛核反应堆的清理）、美国工业知觉公司（Industrial Perception，机器人3D视觉系统的专业公司）、红木机器人公司（Redwood Robotics，计划制造与人类手臂同样灵活的机器人手臂）、迷你全息公司（Holomini，旨在研制全向运动机器人的公司）等。为了将这支小型机器人部队保护起来，谷歌刚向美国国家航空航天局租用了公司附近的旧机场——莫菲特机场，包括一个面积达3公顷的主机棚（一号机库）。该机棚原本是为迎接麦康飞船而于1933年修建的，不幸的是飞船在1935年坠入太平洋。谷歌打算自己掏腰包对该机场进行重建，让它成为机器人和太空业务的总部。

谷歌因此成为美军的直接合作伙伴，因为波士顿动力公司的相当一部分程序是和美国国防部高级研究计划局共同设计的。对机器人的这种如饥似渴意味着什么呢？首先显示出谷歌的在线广告收入大幅增长，这一财力使公司创始人能够开辟发展前景广阔的领域；其次表明，现实世界与虚拟世界的结合为想象拓展了无限空间。《华尔街日报》也披露，台湾富士康集团老板和谷歌机器人业务的老板安迪·罗宾聚首台北，旨在让两家工业机器人领域的企业建立合作关系。这表明了布林和佩奇想参与工业4.0伟大革命的意图。

明天，谷歌极可能也是能源供应商。"第七大陆"的另一面是对能源领域的巨大需求，这似乎有一点反常。要为上亿台电脑提供能源，必须消耗大量煤炭，因为在全球电力生产中，煤炭发电所占的比例达到40%[①]。计算机设

[①]《煤炭，21世纪的能源》，http://www.ifpenergiesnouvelles.fr/Espace-Decouverte/Les-grands-debats/Quel-avenir-pour-le-charbon/Le-charbon-energie-du-21e-siecle。

备消耗的电能占全球电力的10%，仅全球50万台服务器就消耗了3%，而45%的计算机设备能源消耗是用在设备冷却上。在寒带国家设立服务器园区，用外面的空气为服务器降温的想法由此产生。谷歌是能源消耗大户。尽管谷歌认为自己处理中心的能耗比其他公司低50%，2013年最后一季度仍投资22.5亿美元用于信息处理中心和基础设施建设。总之，谷歌拥有庞大的太阳能和风能发电能力，在绿色能源领域十分活跃，尤其是在美国，该公司每年的发电量大约20亿瓦，投资总额超过10亿美元。

2014年2月，谷歌以32亿美元收购Nest，表明它对智能住宅的强烈关注，也表明它对家庭用电管理感兴趣。随着智能电网的出现，未来电力配送将迎来一场真正的技术革命，这实际上是利用信息互动系统改变电力配送的逻辑关系。

然而，Nest的专长是智能住宅设施，尤其是能远程调节家庭能量参数的温度调节器。显然，谷歌对Nest充满憧憬。这是一家由苹果公司老员工托尼·法德尔一手创建的企业，托尼曾主导iPod前18代和iPad前3代的设计，是物体（硬件）与性能（软件）接驳方面的专家。后来，他带走了苹果公司的100多名工程师，创建了智能家居创新企业Nest。他对这种方式做了如下概括："我们取走你家不受待见的产品,将它们变成简单、漂亮且好用的东西。"对今天的硅谷精神,我们没办法超越。托尼·法德尔在发至科技博客网站①的一段视频中解释说:"我们的理念不是制造温度调节器,而是考虑如何让家庭能耗实现自动管理。"他为什么要将企业转让给谷歌,和拉里·佩奇一起去领导整个"客体"活动呢?"因为我们有相同的眼光,这就是改变世界。"他在接受另一次采访时说。Nest是一次选择,虽然只是谷歌近几个月来在"客体"领域十几项收购案中的一个,但Nest却能将谷歌变成物联新市场的一个关键角色。所以,谷歌的下一个目标是让自己成为电力配送商。总之,这是一位美国行业专家②的直觉。

如果谷歌不再是一家企业而是某种形式的国家,情况又会如何?它会成为新世界的领导力量吗?在控制网络业务的同时,它还是行业变革的重要角色,智能房屋的管理者,用实力决定私人领域和非私人领域的事务,用机器人对提供给网民的信息和知识进行分类,对内容任意支配,制定自己的税则,拥有一支机器人私兵,而且还是世界上最强大军队的供应商。这一问题已经摆在我们面前,所以

---

① 网址是http//www.crunchbas.com/person/tony-fadell。
② 戴维德·沙文尼杰:《谷歌会成为一家能源公司吗?》,2014年1月,http://www.utilitydive.com。

有必要提出来。目前，布林和佩奇似乎不愿像詹姆斯·邦德影片中的"坏人"那样统治世界，但他们在诸多方面正在夺取世界，至少是按他们对未来的想法掠夺世界。在中国，人们已经视美国为昨天的统治者，视谷歌为明天的统治者，如果政府不采取行动加以阻止，它甚至有可能毁掉中国2030年至2130年黄金期的宁静。

亚马逊和脸书也没闲着。亚马逊不再只是一个在线销售商，而是一家全球性技术企业，想在数字内容开发方面发挥先驱作用。至于脸书，它则试图扩大影响，尤其是在数字世界，2013年它用20亿美元收购生产VR头盔的年轻企业Oculus Rift公司时就表明了这种愿望。

希施豪恩定理

我们再回忆一下前奥朗日公司未来学家肯尼·希施豪恩的预测："手机将是我们生活的遥控器。"如果有诺贝尔未来学奖，他应该是该奖的得主。实际上，所有迹象都表明，智能手机将是人类与数字世界对接的主要工具。根据高德纳研究公司收集的数据，2012年全球销售的手机超过17亿部。高德纳公司还提供了另一数字：2013年全球销售的智能手机超过9亿部（比2012年增长42%），其中近30%在中国。预测表明，2017年人们拥有的智能手机将接近17亿部，其中60%在亚太地区。

2014年年底，正在使用的手机数量超过了全球人口数量，智能手机将是通往物联世界、电子商务网站以及信息传输的切入口。它将具备远程控制物体和系统的职能，也是与日俱增的应用软件的有效载体，是与"云"的接触点，储存大部分的个人数据。所有这些变化已经发生。根据棋盘定律，我们很容易猜到，未来10至15年，智能手机的应用潜能和多样性将是无限的。

2014年2月，脸书宣布以190亿美元的价格收购一家仅

第三章 "事实上,私生活极可能只是一种异常。"

有50名员工、几乎与脸书隔街相望的初创公司WhatsApp。WhatsApp创建以来仅耗资6000万美元,用如此巨额资金收购一家在当时并不起眼的公司在互联网世界还是首次。由乌克兰人简·库姆和美国人布莱恩·艾克顿(两人均为雅虎公司老员工)创建的WhatsApp是否像硅谷流行的说法那样,发现了一种"爆炸性"技术呢?非也。这仅仅是一种简单的信息传输,一种对话渠道,一种手机"聊天室",利用一种成本不太高的订阅,实现文本和图像交换。

2014年,这款应用软件已在全球聚集了4.5亿用户,他们被低廉的服务价格(比短信便宜)和既可点对点又可点对面的交流方式所吸引。然而,它值190亿美元吗?最初的分析肯定认为不值,而且众多金融家都在喊"狼来了"并提到21世纪初互联网泡沫的破灭。但深入分析后,脸书创始人马克·扎克伯格的想法几乎与布林和佩奇不谋而合:要充当未来世界的关键角色,智能手机将是中心——即便WhatsApp现在仍是在传统电话系统上运作。彼时脸书声称拥有13亿活跃用户,但仍需进一步巩固这一用户群,使其成为未来移动应用软件最重要的角色之一。与脸书相反,目前WhatsApp不接受广告投放。但和谷歌一样,脸书同样通过分析和处理社交网用户每天不知不觉提交的大量数据来挣钱。不难猜到他们通过4.5亿WhatsApp用户的偏爱、关注的主题、消费习惯收集到什么样的信息。分析师们很快算出：（2014年）每位WhatsApp用户的估值为40美元，脸书用户为140美元，推特用户为160美元。两三年后，扎克伯格的新宝贝完全可以使用户量翻一番。这种服务将接受广告或嵌入付费应用软件，例如游戏，这场激烈的博弈可能预示着将要付费。如果WhatsApp不是一种以电话通讯录朋友名单为基础的新型社交网络又是什么呢？脸书领导人不可能不知道这种新产品最终会削减其用户量。

而且，WhatsApp在全球并非独一无二，同类型的信息互换软件在亚洲十分普遍，像中国腾讯公司大获成功的微信，其全球月活跃用户数已突破8亿（腾讯2016年第二季度财报数据）。微信还有语音功能，在"移动族"中十分流行，还有游戏功能以及后来推出的金融产品。韩版即时聊天软件KakaoTalk2014年估值约24亿美元，在亚洲的用户达1.3亿，和微信一样，它也有内容和游戏功能，这是其收入的主要来源。然而，相对其价值（2013年为2亿美元）而言，这一收入仍十分微薄。可见，聊天软件都盯着短信市场（年业务量达1000亿条），打破了移动电话运营商过去在短信市场一家独大的格局。2013年，聊天软件的通信量首次超过手机短信，未来4年还将翻一番。

　　在这种背景下，开发5G网络的赌注巨大。虽然第五代移动网络仍处于研究阶段，但专家们已经预言，目前的网络能力将提升1000倍，达到每秒1G的信息量，回复时间在千分之一秒以内。这种能承载200亿至1000亿客户端的新技术，将极大地促进智能手机服务软件的开发，而且还可充当物联网的控制平台。5G网络实际上是将虚拟化技术与云计算技术进一步融合，极大地激发了类似苹果或三星这类手机制造商以及软件开发商和新型服务创建者的想象力，尤其是在具有广阔前景的游戏领域……但要小心带宽扩大对用户的影响。千分之一秒的即时下载速度可能让人措手不及，因为我们在等待下载数据时再也没有时间思考。机器运转比人脑快，这让人们认为，5G网络的真正受益者将是机器本身。

大数据海啸

"第七大陆"是数据世界，它以一种近似恐怖的节奏制造数据，所以越来越难以将其量化。我们正一步一步地接近海量数据，它几乎相当于可观察到的宇宙大小（直径约为930亿光年），远远超过了著名的棋盘第64格，这便是人们所说的"大数据"。对它的开发应用正在创造一门新的科学，虽然目前仍处于起步阶段，但它将深刻改变企业的运营模式以及我们的生活和消费方式。这些数据是由遍及世界各地的电脑和数字系统即时产生的，包括数十亿台各类机器和设备（机床、机器人、电话、电脑、联网物体、传感器、监视器、电子芯片等），它们是"第七大陆"的新黑金，是新世纪的石油。

已被催生的大量文学作品把大数据当作未来企业的伟大主题。我们可以将数据分为两大家族：不直接涉及我们人类的和我们实际上成为原材料的。这便是从此将流行的公理："如果服务是免费的，那么你就是产品。"

第一个家族的数据属于技术和科学类。在"信息物理系统"中，数据的生产是恒定的，工业流程的数字化催生了有关材料性质和性能的各类信息，如生产系统运转情况、产品性质、生产过程、循环方式、物流链中的变化及终极目标。工程师、科学家、计算机专家、数学家对这些复杂而繁多的数据进行处理，进一步了解工业工具的运作情况，不断提高生产率和性能。

第二个家族的数据是我们在日常生活中不知不觉提供给我们身边的虚拟"怪兽"的。这些数据能够确定我们属于哪类人，确定我们的关注点、我们的想法、我们与其他人的关系、我们的职业网络和私人网络、我们喜爱的图书、我们欣赏的音乐、我们购买的商品等，尤其是能确定我们明天会干什么和消费什么。而且，它还涉及更隐秘的世界，例如我们的身体、我们的行为方式，或许最终会涉及我们的爱情和性行为。所有这些均是布林、佩奇、扎克伯格、贝索斯及其追随者想了解的。他们声称，自己所做的一切都是为了我们的利益，为了能向我们推荐适合于我们的产品和服务，并非针对人类大家庭而是针对个人。此外，他们不仅想知道我们干什么，而且还幻想能够猜出我们"将"干什么，这就是"大数据"。

今天，我们只看到大数据的粗略影子：亚马逊会根据历史采购向我们推荐某种图书；当我们点击一条广告而未付诸行动时，一旦再次上网，广告便会弹出，提醒我们以前搜索过的东西。多年来,销售大型消费产品或服务的企业开始对顾客的行为进行研究,尤其是银行,通过信用卡交易情况了解顾客的消费习惯,还有高速公路公司,通过数据了解司机喜欢的线路。这里仅举以上例子。然而,与即将发生的情况相比,现在我们仅处于互联网的铁器时代。正如阿里巴巴董事局主席马云在2014年3月的一次会议上所言:"在云计算和大数据方面,我们今天所处的位置相当于2003年的互联网,没有人知道未来会发生什么。"实际上,我们已经可以对它进行预测。致力于大数据研究或分析学(现在流行的说法)的企业(即专门从事数据存储和分析并利用它们维持与顾客日常关系的企业)有三个主攻方向:智能数据、产品和服务供给的个体化、对人类行为的预测。

　　大数据管理流程分多个阶段:收集、储存、处理、分析,而近年的最重要战略点,是企业必须在组织架构、战略制订、与客户关系中实现转变。在这些主题中,一场变革正在发生。我们清楚地看到,数十亿人每天上网购物,使用信用卡、支付宝或通过网络订票。发信息、图片、视频所产生的数据量,正在挑战人类的想象力。必须兴建基础设施,开发软件、创立分析数据的算法。企业可从中获得消费者的"轮廓",不断改善产品和服务的针对性。

以处于领先地位的美国为例，2014年大数据市场的估值为160亿美元（其中基础设施占45%）。大型企业开始组建数据分析小组，抢夺目前仍相当稀缺的人才。近来，美国各大学已经启动大数据领域的多个专业教育计划，尽管如此，至少还需要四五年才能培养出企业需要的专门人才。为了开发利用这些数据，从中获取新的战略应用程序，美国将建立一个庞大的生态体系，大型企业将为此联手，包括搜索引擎（谷歌）、社交网络（脸书、推特），当然还包括数据"销售商"。这是一种新型企业，它的名字还不为公众熟悉，但已经开始研究分析各种个人数据和各种资源，向企业推荐各类消费者和各种消费行为。可以预料，利用人工智能和内容自动解码软件，数据检测将逐步实现自动化，例如，可以将每天创建的12TB的推特内容转变成对某种产品的情感分析。

大数据产业重要角色之一的IBM公司较好地描述了"智能数据"在销售业中的重要作用[1]。销售商在掌握了某顾客的购物历史、所在位置、电子邮件内容、上网目的、注册的社交网、通过邮件或电话向呼叫中心提的问题，即可全方位获得该顾客的信息并准确地向其提供产品、服务

---

[1]《依靠零售业大数据的力量》，参见public.dhe.ibm.com。

或在某一时段适合于他的价格。我们可以在这份资料中看到，"现在，销售商每周都会核对一次竞争对手的价格。他们通过大数据，能够与竞争对手的实时价格进行比较，一小时内就可检测到价格变化，以便协调这些变化与需求趋势，提高灵活性。"当某一顾客希望得到某款产品时，及时向其推荐该产品是数据分析的主要目的之一。这一想法是随互联网诞生而产生的。20多年前，社会学家、企业、广告商、媒体都在研究各类消费群体，其中年龄在50岁以下的家庭主妇群体可能是最重要的被研究人群。人们组建各类"问卷组"，参与者被问及习惯、对不同商品或包装的反应、梦寐以求的产品等。总之，该方法获得的结果比较可靠。然而，随着互联网的出现，"问卷方式"已成为过去，因为大数据是建立在顾客浏览（而非表述）基础上的，能勾勒出消费者的"轮廓"。正如法国互联网广告开拓者阿兰·利维所述："传统广告是通过突发奇想的创意，让消费行为升华，所以是一种诱发消费冲动的工具。企业的广告战略建立在一种较简单的原则上：如何借助某种与目标消费群最亲近的媒体，用最能体现产品的创意去打动他们，让投入的每个欧元产生最大效益？今天，互联网能够完美地回答这个问题，因为它绕过了媒体的过滤，使企业能直接与目标群体进行交流。"①当网民上网购物，阅览资料，发邮件、信息、短信、推特、图片或视频时，什么工具能够日复一日、即时而全面地反映他们的欲望、习惯、对产品和品牌的意见呢？

2005年前后，一种新的商业活动应运而生，即分析网民的上网足迹，通过语言学、数学、人工智能、机器人等多种技术的结合，将其变成对广告商和网站运营者具有商业价值的信息。将公共数据变为私有数据需要提纯，这给谷歌和脸书创造了大量财富机会，这种经济模式是将铅（网民原始数据）变为黄金（目标广告）。由于虚拟空间高速发展，上网工具与日俱增，消费方式日益全球化，数据分析系统的智能化，从理论上来说，互联网广告市场的开发不存在任何限制，因此，搜索引擎、社交网络、信息服务提供商在此施加影响也同样没有任何限制。尤其是下一阶段，即对网民消费欲进行准确预测的阶段即将到来。因成功率相当可观，Netflix声称，根据其掌握的有关消费者对电影的偏爱和消费习惯方面的数据，能够成功向顾客推荐他们当晚想看的影片。2013年12月，亚马逊开始提供

---

① 阿兰·利维：《沿着大哥的足迹》，出版商出版社，2010。

一种新型服务，名为"提前交货"①。实际上，这是一种向顾客提前交付（甚至在下单前）下一次订货的方式，目的是缩短交货时间，避免采购者前往实体店。

亚马逊可以根据某顾客以往的采购以及诸如搜索的产品和在某个产品上停留的时间等要素，提前备货并随时准备交付。因此，货物将储存在当地或信息企业的汽车上，顾客一旦下单，送货程序即刻启动。我们已到了营销和行为科学的极限。将成千上万条不同性质、看上去彼此毫无关联的信息集中起来，通过人工智能软件，从中找出关联，找出逃过人类眼睛的秘密联系，这样就能从中发现一些行为方式示意图，因为未来正以某种方式进入当下。某些商品网站甚至根据网民的上网记录或网民的不同购买力，将同一商品标出不同价格，尤其是机票、酒店房间和高新技术产品。

虚拟空间日益入侵我们的生活，这种趋势不仅不会结束，而且日益突出。这种现实也提出了一些基本问题，我们必须认真作答。第一个问题是尊重隐私。谷歌、脸书和所有利用网民数据建立盈利模式的公司已接受一条清晰的防线：利用"cookies"收集的数据（通过编码识别的计

---

① 《华尔街日报》2014年1月17日。

第三章 "事实上，私生活极可能只是一种异常。"

算机档案）必须匿名，任何情况下网民的身份都不会被泄露。此外，网民从网上的免费服务中获得的好处确实很多（互联网企业估计其价值在2800亿美元左右），这大大抵消了私人企业从数据开发中获得的利润。不过这种情况备受争议。

　　实际上，即便是谷歌、脸书或推特以及其他专业数据分析公司，都有职业伦理规则。网民的匿名完全是相对的，除了电脑IP地址，还有很多其他方法识别上网者：如电子邮件地址、电话号码，虽然身份没有暴露，但已被掌握、编入索引，变为资料。我们推进了消费模式个性化，却不相信它肯定不会对个人数据加以利用。谷歌和脸书的领导者们提出隐私是一种"异常"时，并未受到网民甚至政府的尖锐批评。实际上，他们是对的，因为他们自己取消了互联网隐私这一概念，大量提供免费服务，又迎合网民登台表演、获取往往是人为的虚拟身份。网民也非任人鱼肉的羔羊，而是目前愿意相互交流的伙伴，在他们看来，迄今为止这种交流仍算平等。互联网巨头们再次认为，网络是一个私人领域，只要遵守他们的规则，网民就可以随意走动。但又能走到哪里呢？

　　例如，一家保险公司在获得涉及顾客身体状况或生活习惯的数据时会怎么办？装有传感器或其他联网物体（如智能手表、眼镜）的新型技术网，能够传递有关人们是否运动、运动频率、时间长短、激烈程度等非常隐私的信息，向保险公司指明该保险的风险程度，也就是保费水平。冰箱不仅能向电子商务网站自动传送购物清单，还能提供有关健康食品的重要数据，包括酒类、咖啡、含脂或含糖食品带来的健康风险。一旦银行或保险公司要提供一笔贷款或签订一份健康或人寿保单，它们便会发出警告。联网物体的日益增加，将把人类塞进一个充斥个人信息的密网中，最后，这些信息的传播和使用可能会完全失控。

还有另一种风险：持续受到监视，某些居心叵测的人控制这种监视。美国《福布斯》杂志[1]报道了马克·吉尔伯特的可怕遭遇，这位34岁的父亲家住休斯敦，在他生日的当晚发生了一起意外事件。聚会结束后，他听到女儿的房间里传来一个陌生的声音，对他两岁的女儿说："快醒醒，孩子……"吉尔伯特立即冲进房间，发现声音来自他安装在孩子床头的音频视频监视器，说话者也能控制摄像头。吉尔伯特立即拔掉监控器连线，却遭到那个陌生声音的一顿臭骂。

中国深圳某公司制造的机器能够连接互联网，所以能

---

[1] 《恐怖的搜索引擎，帮你找到联网相机、交通信号灯、医疗设备、婴儿监视器和发电厂》，《福布斯》2013年9月23日。

在世界任何地方通过互联网进行远程控制。不久前，信息安全专家曾发现软件漏洞，它能让黑客控制远程系统或使用诸如"admin"这类简单密码进入系统。该公司已纠正这一错误，但并不认为应该将机器漏洞告诉顾客。吉尔伯特在检查他在该公司的账号时，发现黑客用他的密码上了一个名为Shodan（撒旦，视频游戏《网络奇兵》里一个坏蛋的名字）的网站，并在网上搜索，发现"回复"它的联网物体。一位29岁的年轻信息工程师在2009年创建了Shodan网，本想帮助工程师发现本不该联网的物体或安全系统存在的漏洞，结果检测到汽车、新生儿心脏监视器、中央暖气系统、水处理工厂、发电厂、交通信号灯、葡萄糖检测设备，当然包括类似于马克·吉尔伯特给孩子安装的监视系统，该设备在美国售出4万套。今天，超过1万用户通过Shodan网进入连接15亿台机器的基地，这使一些安全专家能够发现某些企业的漏洞。

美国联邦调查局密切监视Shodan的活动，"并非是我的搜索引擎引起人们不安，"其创始人对《福布斯》记者说，"令人恐怖的主要是发电厂也连接了互联网。"美国其他专家已经证实，很多银行、住宅楼、企业、会议中心安装的安全、照明、供暖、空调等设备均连接了互联网，只要找到IP地址，就能对其进行控制，这似乎是随便一位黑客都能做到的。2012年，一个黑客进入美国政府一大楼的供暖调节系统，导致那里一度出现异常高温；另一名黑客曾用4个数字的密码，掌控了40万台联网机器，将其变成一个公共数据库。《福布斯》杂志的一篇报道说，年轻的信息专家、汽车专家用一台普通电脑进行示范，远程控制一台汽车并让其失去方向和制动。尤其令人担忧的是，在未来十几年，联网物体将达到上百亿件（根据不同研究，将分别达到150亿、200亿、500亿）。企业每天或几乎每天都有新的联网产品问世，从牙刷到运动鞋，还有眼镜、手表、各种器具等，通过智能手机就能控制。法国图卢兹一家名为Sigfox[①]的年轻企业因希望创建一个全球电信网络而在国际上声名鹊起，它能让任何物体（甚至包括记录赛车通过的精密仪器、水表、果树、轮胎、散热器、酒桶）与同类物体交换并连接互联网。所以，对此类物体必须加倍保护，但目前并非如此。这可能给各类海盗、窃贼和黑客提供了一个广阔的领域。也有些人受到诸如罗宾汉精神的激励，希望帮助网民抵御网络帝国的压迫。

最反常的是：工程师们开始设想防御方案，尤其是在敏感的工业设施领域。方法是与互联网断开，通过内网对

---

① 公司网址是http://www.sigfox.com。

其实施保护。但这些昂贵的设施肯定不会用于"常年"联网、与我们日常生活日益密切的物品。

所以，我们将生活在监视之下，对此必须有心理准备。无论是规模上还是程度上，这都是一种新现象。通过揭示美国国家安全局的活动，人们意识到，从理论上说，在当今世界里，网上的任何交流都避免不了外部介入。数字数据是一种可能受到掠夺和开发的数据，所有者往往很模糊。随着"云"的普及，服务器无论安放在地球何处，都能被找到。大数据专家们承认：未来的主要问题是数据保密问题，无论是企业数据还是记录个人日常生活的数据。

互联网与交易负成本时代

现代经济理论一部分建立在交易成本这一概念的基础上,该理论是罗纳德·科斯1937年在《公司的性质》中提出来的,后由2009年诺贝尔经济学奖得主奥利弗·威廉姆森进行了深化。该理论强调,企业必须面对外源性成本,在完成经济交易前很难量化。例如,成本与市场和价格信息的研究有关,与商业行为的内在风险有关,与其他企业的"机会主义"行为(经济决策者的主要计谋)有关,它们试图从对其有利的不对称信息中获得高额利润。正如经济史学家艾尔弗雷德·钱德勒所言,现代企业的建设可以解释为让企业与市场或企业与个人之间的交易成本达到最佳状态。[1]因此,借助分包或生产非本地化,常常是一种与控制交易成本愿望有关的决策。在整个现代史中,此类成本在增长,尤其是在经济全球化阶段,信息研究的成本及技术和政策不确定所带来的费用在提高。互联网引发了第一次冲击:获取信息的成本首次大幅下降,因为大部分

---

[1] 艾尔弗雷德·钱德勒:《管理的有形之手》,《经济学刊》1988。

信息唾手可得，并在经济主体间自由流动。距离缩短了，世界变小了。

从20世纪90年代中到今天，交易成本降幅惊人，甚至到了可忽略不计的程度。唯一的成本就是条例、法律和政治环境风险，不过并不大且具有地方性。对一家企业来说，因新技术成本下降并且实现自动化，自己生产或非本地化几乎没有差别。与其他企业结盟或实行资本收购，结果往往相同（以往的经验表明，一半并购案是失败的）。在经济理论中，交易成本的取消本身就是一次小小的革命。

而且，另一场革命已初露端倪，这便是负交易成本革命。换言之，不仅获取信息是自由的、免费的，而且通过互联网还可免费获得提升企业潜力的技能。下面几个具体而实用的例子让人一目了然。先看看一家公路和铁路隧道挖掘设施专业公司是如何运作的。在该行业，挖掘隧道的速度越快越好，同时要管控好与挖掘有关的不确定性（如水室或瓦斯室、易碎岩石等），让工地成本达到最理想的状态。该公司拥有丰富的相关经验和一支重要的工程师和专家团队。

然而，该公司在互联网上发现了一群迷恋隧道的人。

一般来说，单个有某种偏爱的人都被认为是怪人（如电影《晚餐游戏》中的皮侬和他的火柴模型）。但如果他们是两个人，就会丰富共同的爱好。如果是几十个人并且喜欢在某个隧道专业社交网络聚集，就能创造一种经济价值，成为一个不可替代的技能平台。其实我们的隧道迷们已创建了一个国际网络，常常相聚在位于"第七大陆"多伦多、里昂和香港的三个"据点"。于是，隧道挖掘机公司与该小组签订了一项合同，小组免费向公司提供全球各工地事故清单，提出想法和解决方案。在某一具体案例中，他们根据19世纪末在美国西部一个隧道检验过的解决方案，解决了一个技术难题，那条隧道至今仍在使用。

另一案例来自韩国，某大型集团从事音乐生产和组织音乐会。企业领导因对新人才研究小组的成果不满意，决定开设一个没有标志、专门针对12至17岁的年轻人（他们必须证明自己符合这一要求）的临时网站，让他们免费欣赏音乐视频。这一创意使企业明显提升了流行歌曲生产的成功比例（从65%提高到85%）。最后一个案例，某国际大型消费品集团在社交网络发现了一个有组织的印度工程师小组，他们喜欢在晚上和周末大量分析数据，从中获取营销情报。于是，该企业每天晚上都将涉及客户的数据上传到一个服务器，第二天早晨，这群印度年轻人便向其提供数据分析结果、互相的关联和对消费者行为的预测等。

  这三个例子证明了负交易成本现象确实存在。企业从中发现了一种附加的、重大的和免费的价值。"迷恋者"从中得到乐趣，同时也积累了经验和知识。这些实践活动将不断发展，因为它们的价值潜力巨大，且几乎没有成本。企业则可以在技能和资源检测方面采取不同策略。对远离重要经济中心的个体人才来说，这同样是一个组建网络并与企业建立联系的机会，否则相关企业或许对他们一无所知。实际上，社交网络已成为负交易成本的强大创造者，为成员获得"回报"提供了日益上升的可能性，因为他们能使用网络收集数据并将其商业化而不只是使用免费服务。这是一种延期付酬工作、分享价值、实现交易的新形式，在这一过程中，供应商和顾客之间的区别将逐渐消失。

三藏游记

"第七大陆"之行给我留下了一个没有答案的问题。谁来治理它？过去，没有一块领土，也没有一个省份，是没有王公和文官管理的。然而，在这个"第七大陆"上，我既没有发现皇宫，也没有发现高官和管理者。在这个王国，你却可以说它与宇宙一样大。在《盐铁论》中，大夫曰："宇栋之内，燕雀不知天地之高；坎井之蛙，不知江海之大。"文人回答他说："燕雀离巢宇而有鹰隼之忧，坎井之蛙离其居而有蛇鼠之患，况翱翔千仞而游四海乎？"① 我明白，"第七大陆"是一块私人领地。然而，怎样才能将天和地私有化呢？依我所见，这将是一个未来大争论的主题，因为谁能够说王子的美德在世界和社会机构中是多余的？有人对我说，"食人魔"G.A.F.A.就很愿意，它想改变世界，将其变为一个人类自由、充满机遇、

---

① 《盐铁论》是一部中国古典作品，讲述公元前81年有关国家维持对盐和铁专营的朝廷会议上的辩论，由此产生了对统治方式的全面争论。该书全文由让·列维翻译，在文学出版社的"汉文书库"中可以找到，该书库由程艾兰女士和马克·卡利诺斯基主编，2010年出版。

繁荣昌盛的空间。同时，它日益富有，所以能够日益扩大影响和领地，包括在现实世界进入我们每个人的生活，监视我们的行为和举止，重复提供所谓的免费服务和产品，然后将我们的信息提供给商人，换取真金白银和巨大收益。

"如果服务免费，那是因为你就是产品。"在寻找G.A.F.A.的行程中，我不知多少次听到过这种说法。在这个新世界里，人们不再向顾客推销商品，而是向广告商推销顾客。所以，人是商品，G.A.F.A.是"货架"，犹如人们谈论可在市场进行交换的盐和铁一样。在这个零售加批发的巨型商场，人就像一个消费品被陈列在那里。毫无疑问，他从中得到了一些好处。在社交网露面，在陌生人群中露脸，建立了身份，提高了身价，显得与众不同，无论是在自己眼中还是在别人眼中，都提高了自身价值。在茫茫人海中，他不再是一个不起眼的小不点儿，而是一个举世无双的身影，希望得到承认，得到爱，由此身价倍增。G.A.F.A.为他打造了一个理想中的世界，向他推荐符合其口味、他希望得到的产品和服务。我甚至看到，食人魔能提前猜到他将做什么，预测到他的任何欲望。我仿佛感到，有一种反常形式既想将这个世界无限扩张，又想为居住在这里的人创建一个特殊的小世界，只有物质、服务、他们认为合适的想法能够进入。这个世界一方面无边无际，另一方面又在萎缩。

在我眼里，这个G.A.F.A.及其中国"表兄弟"B.A.T.非常奇怪。他们主张免费，却在为钱而战。他们力图成为自由的始祖，却将人类裹在密不透风的纱帐中。他们想与诸侯平起平坐，认为自己能够对抗他们的权力和影响力。他们称自己闲云野鹤，却像贪婪的银行家一样数着自己的钞票。是否有人敢挑战他们，给他们制定规则，将他们囤积的金钱拿一部分出来，教他们积德积善？或是为时已晚？

第四章

"未来的目标是彻底失业，
所以，我们可以放心去玩……"

——亚瑟·C.克拉克（英国科幻作家）

自达尔文之后，人们知道物种在变化并在适应环境。人类如何让自己适应即将到来的新技术世界呢？这个世界的主要特征是竞争，甚至是人机之间的竞赛。如果根据有关"数字人类"的大量出版物来进行判断，我们推测，这种适应不会出于自我。如同任何技术革命之初，今天我们将跨越一个技术欣悦期。形形色色的技术崇拜者们预言，人类将摆脱束缚，战胜病魔，解除繁重工作的疲惫，沉浸于知识、娱乐、游戏及图像海洋，招之即来、立等可得的"新纪元"即将到来。拥有一切的社会将向我们开放，这里"一切"皆有可能，点一下鼠标，"一切"皆可即时得到。我们甚至不需要离开家，智能电话触屏就能让整个世界向我们开放。在这个世界里，我们需要一个身份，虽然它是虚拟的，却能得到他人的承认，并被牢牢记住。我们个人的生活片段将被送上地球周围的卫星，对这种身份不断充实。这是人们向我们许诺的《极乐空间》，就像这部2013年上映的尼尔·布洛姆坎普的影片描述的那样，一只巨型轮子在太空飘浮，那里的人们生活在极乐花园中，每个人都拥有一部医治一切疾病的机器。怀疑未来是否将像田园诗般的人，会被视为狭隘的技术恐惧者，类似当初反对铁路或汽车的人。随着人们日益了解这类变革的规模、程度、传播速度，数字人类的情况开始引起我们的莫名担忧和严重关切。世上有一种与虚拟和数字没有任何关联的政治、社会和经济现实，这就是人类在这个新世界的位置，他们的工作，他们与他人的关系，他们与新兴技术大国的关系，他们在世界的"控制者"——政治、金融或"虚拟"力量之间的权力博弈中的紧密关系。英国历史学家尼尔·弗格森在一部电视系列片和一本大获成功的书中列举了六大"成功软件"（他给它们取名为"杀手应用程序"），按照他的说法，它们制造了西方文明的优势：文艺复兴时期的竞争精神、16世纪和17世纪的科学进步、北美私有财产的胜利、19世纪公共卫生领域的研究、始于第二次工业革命的大众消费、天主教徒和新教徒培育的工作伦理。[1]未来几十年，"杀手应用程序"会是怎样的呢？

---

[1] 尼尔·弗格森：《文明、西方及其他》，艾伦·莱恩出版社，2011。

我上网，所以我是……

我们面对的第一个问题是："第七大陆"的优势将如何深刻改变每个人的生活？这里指的不是了解"数字物体"将如何改变我们的生活方式，而是了解它们将如何改变人类的天性。很多有关这一主题的研究工作已经展开，旨在揭示数字人类条件下的三大实质性变化带来的风险：人类受到普遍而常态化的监视，人群内部的孤独感（上网导致孤独）以及相对于时间加速而言的一种奴役形式。

过去几十年里，"监视"这个概念与"专制""冷战"搅在一起，指从内部或外部监视敌人。这是国家当局（如警察、秘密机构）在法律（无论公正与否）框架内行使权力。或许可以说，被监视对象"局限"于某些被怀疑从事非法活动的个体或某些政治制度。东西方对抗结束、东德消失，使我们较快地相信，全面"监视"的时代已经结束，每个人都能自由自在地忙自己的事，不会再看到"老大哥"插手自己的生活。然而，这种情况正卷土重来，奥威尔的书无疑是一幅反专制的漫画。另外，他还提出了对未来技术的一种看法。该书1949年6月出版时，这种技术似乎完全不可能实现。《1984》的作者将电视，更准确地说将屏幕视为侵犯公民隐私的工具。奥威尔写道："屏幕不仅接收，同时也转发。它截获了温斯顿（书中主要人物）发出的所有声音，除了窃窃私语。当然，人们无法知道自己是否在某一时段被监视。"我们离这种担忧并不远，因为我们四周的屏幕忠实地记录了我们在网上的一举一动，甚至包括我们所处的地点、走动的速度、所在海拔的高度、发出的声音……

奥威尔的另一直觉与语言有关。《1984》中的专制者试图将"新语言"强加给所有的人，并创建一种二进制语言，它和信息语言一样，被极端简化。词汇砍得只剩下骨头，动词、副词、形容词、同义词统统砍掉。总之，一个与其他词意思相同或相反的词有什么理由存在呢？为什么要用"坏"来表达"好"的反义呢？"不好"完全能够表达与"坏"相同的意思，甚至表达得更好，因为它是"好"最准确的反义词。按照相同逻辑，大洋国（一个虚构的国家，《1984》里的故事就发生在那里）里的小说是机器写的，由蓝领"小说家"监视。今天，尽管自动写作系统已经存在且似乎应用日益广泛，但也还未达到那种程度。

2010年1月，在芝加哥西北大学校园问世的自动写作技术公司（Narrative Science）推出了一个名为"鹅毛笔"的人工智能平台,它能将数据变为故事,其网站①是这样描述的:鹅毛笔在数据中挖掘素材,创建一种恰当的叙事结构。接着,鹅毛笔通过一种极复杂的人工智能软件,对数据和信息进行组合,将其变成"故事"。美国《福布斯》杂志就是用这种方式"撰写"财务公报并在网站上公布的。麻省理工学院人工智能实验室设计了一个自动起草科学"文件"的程序,而东京大学则发明了一种机器能探测环境,自动评估,识别人类并对其提问、拍照,并将这些材料整理成报道,自动发表在网上。根据相同思路,日本一家企业设计了一款能分析投资决策的机器人,从此它在公司董事会"占有一席",该风险投资公司专门在生命科学领域投资。这种机器人被命名为"Vital"(Validating Investment Tool for Advancing Life Sciences的缩写单词),意为"用于推进生命科学的投资工具"。所以,奥威尔的观点似乎没有表面上那样怪诞,即使是从事机器人记者研究的科学家也没想过要统治天下。

不远的将来,人类必须习惯于社会学家大卫·莱昂和齐格蒙特·鲍曼所谓的"液态监控"。莱昂先生是加拿

---

① 其网址是http://www.narrativescience.com。

大安大略省金斯顿王后大学的教授,也是一位有关监视公民的国际著名专家;鲍曼先生是英国利兹大学名誉教授,"现代液态"概念的创造者,他指出当代世界缺少坐标,安全问题日益严重。在一本对话录中,两人就这种已经普遍存在、今天地球居民均受到监视的后果进行了思考,涉及类似美国国家安全局这类政府机构(据爱德华·斯诺登透露,该机构甚至进入中国某著名公司的服务器窃取大量数据。由于数据量庞大,甚至不知道用它来干什么)以及前面章节所提及的互联网巨头建立的系统。由"网络巨头"实施的这种监视与政权毫无关系,它在时空中进行远程控制,既是动态的又是全球性的,对人类来说这是一个新问题。互联网巨人是在一个域外空间(即"第七大陆")拓展,与谷歌或脸书相反,政权是地方性的,没有任何能力在全球范围内采取行动。在"液态"世界,权力应无拘无束地自由行使,不受界限和障碍物所限,而领土则是在界限的保护下受到管理。今天,从"液态监控"中获取的数据传输完全避开了国家的监控。至于"监视者",我们无法看见。大卫·莱昂写道:"这种新的监视形式带来的挑战是巨大的。虽然表现形式简单,但这种以信息处理为基础的新实践带来了一种新的透明,使公民(包括我们每个人)在日常生活中的一言一行受到持续的测试、评估、判断、监控。对监视我们的机构来说,随着我们的个人数据日益透明,它们的活动也越来越隐蔽。在现代的现金流动中,随着权限传递的加快,对一些人来说透明度在增加,对另一些人来说则在降低。这种情况不一定是故意的或隐藏着阴谋,而是因为机构内或机构间数据流处理系统过于复杂,也因为涉及商业竞争和有关国家安全的秘密。"实际上,我们又回到了过去的村庄概念,在那里,任何秘密都不可能长久。今天,它指的是一个地球村,在这里,人们彼此都了如指掌。

齐格蒙特·鲍曼认为,隐私的两大特征——隐蔽性和自主性日益受到质疑,例证是与鸟、蜻蜓甚至天蛾(该昆虫以空中悬停能力著称)一般大小的微型无人机与日俱增,这并非科幻。出于国防需要,位于马萨诸塞州的美国物理科学公司对天蛾在强风条件下也能稳定飞行的方式拍摄了数小时,从中得到启发并设计出"四旋翼无人机"。这种微型无人机的重量不到500克,能抵御时速88公里的强风。在鲍曼看来,这些微型无人机能够在"看清"地面的低海拔空域飞行而不被发现,它们将摧毁保护我们隐私的最后一道防线。至于互联网上的"实名制",虽然开发我们数据的人把它写进了某种隐性合同,但也影响个人自主权。这是社交媒体、智能手机、图片和视频免费托管网站引发的，但也表明涉及"公共"领域和隐私领域的界限时，网民的态度发生了变化。

实际上，迄今为止，网民宁愿用隐私换取互联网的免费服务。但是，随着监视我们的"物体"与日俱增，互联网巨头获得的利益持续增加，这种情况还会延续吗？因为，从每个人身上获取的信息成了一种"原料"，我们是否会因此而要求一种实实在在的报酬呢？人类在网络和社交媒体进行鲍曼所谓的"自我推销"以提升"价值"的情况会不会出现某种倦怠呢？因为成为消费社会的一员，就是肯定自己是"有用的"。只要"一切"（拥有一切、消费一切、体验一切）的念头今天仍然那么强烈，这些问题就几乎不可能有答案。然而，我们很可能会找到"妙招"（如经济学家所言）以逃避日益普遍的监视，至少逃避商业监视。在未来，社交网络将被分割成无数"子网络"，其成员均为现实中的熟人或朋友，他们的关注点是相同的，共同分享服务和娱乐，同时保护自己免受数据猎手猝不及防的入侵。中国的微信或美国的WhatsApp大获成功就是一种先兆。对付蜻蜓无人机不会有大的作为，除非国家采取措施并对这些飞行物设立严格的进入门槛。但是，由于民用无人机的市场潜力巨大，对运营商、赞助商和监管机构之间的短兵相接必须有所准备。

因涉及作为社会成员的人类，研究数字世界内部人际关系的"液态"所带来的变化，这是一项雄心勃勃的工程。但我们现在已经发现研究线索。美国社会学家、麻省理工学院教授、数字社会专家谢里·特克尔在她的新书中指出，技术不仅改变了我们正在做的事情，也改变了我们自身。对其他人来说，数字世界并非日益开放，而是好像越来越封闭，因为它首先考虑的是联网而非对话，是虚拟朋友而非真实好友。①短短几年间，数字世界已经改变了性质。在它发展的初级阶段，我们认为它能让我们在现实世界中生活得更美好。但明天，它可能会带我们去我们不愿去的地方，一个人际关系日益数字化的世界，没有实体，缺乏相互关心。增加朋友，这是一种"收拾"孤独、表面上拒绝孤独的方法，因为如果我能与他人分享，表明我不孤独，但这也是一种孤立的形式。增加短信、推特信息、邮件，就是避免与我们身边现实人群的真正"交谈"，所以是一种自我交流方式。②

最后，最大的疑虑无疑是人类融入一个全新领域的方式，即时间加速的方式。虚拟世界是一个千分之一秒的世

---

① 参阅谢里·特克尔的TED演讲，网址：http://www.ted.com/talks/sherry_turkle_alone_together。
② 谢里·特克尔：《群体性孤独》，基础图书出版公司，2011。

界,所以是即时世界;也是一个技术创新日新月异的世界,一日千里走向不确定未来的世界,因此给人们以无休无止、疯狂竞赛的印象,它的未来具有不确定性。20世纪初,有些哲学家似乎觉得,技术进步将迈向一个时间充裕的世界,人类将充分享用这一新的资源。1932年,伯特兰·罗素①解释说,解放时间的社会已成为现实,但非理性的工作标准和不合理的工作分配,妨碍了人们享受这种进步。实际上,这是一种幻想。技术进步导致时间加速,但人类无法得到享受、加以利用,因为他们也被抛进了时间加速的可怕逻辑中,结果时间越是被解放人们拥有的时间越少。让我们看看今天的情况:技术的加速创造了增长和财富,原地不动就是退步。卡尔·马克思写道,如果时间就是金钱,对商界来说,速度便是一种绝对的、无法回避的迫切需要。所以,时间加速产生了一种新的线性形式,德国哲学家、耶拿大学教授哈特穆特·罗萨在一本杰出的著作中对此进行了精辟的分析。时间既是私有的、内存的,也是由社会确定的。罗萨写道:"社会时间的节奏、频率、时限和速度,当然也包括前景和由此产生的时间环境,几乎完全不受个人控制。"她还说:"违者代价高

---

① 20世纪英国哲学家、数学家。

昂。今天，无视时限、截止期和速度的绝对要求，将比以往任何时候更受社会排斥。"实际上，时间加速的后果更难以察觉。它会产生价值等级混乱。短期压倒一切，对网民生产的信息、内容快速消费，甚至即时消费，让我们放弃了旨在获取知识、构建与他人的关系、聆听他人、与人交流的长期投资。①所以，谢里·特克尔才那么担心失去与他人关系的真实性。

然而，让时间慢下来，这种希望非常渺茫。放缓技术创新的节奏是不可能的，因为它们是经济增长的中介。我们反对越来越快速的机器，但它们对数据的消化和处理速度远远超过了人类智能。减缓地球资源的消耗节奏似乎是幻想，因为任何监管机构都不具备这一能力。作为并非最乐观的哲学家，哈特穆特·罗萨提出了多种预测，但没有一种令人信服：首先是"可接受的"降速，即企业尝试降低运转速度，让个人可以喘息。在市场和技术的全球竞争中，这完全是一种幻想。其次是最终放弃现代计划，发明一种"后现代"的经济和社会机构，从时间的制约中解放出来。但有哪个国家、哪个社会会冒与其他国家和社会不同步的风险呢？再次是紧急刹车，对"最快的"组织（如

---

① 哈特穆特·罗萨：《加速》，发现出版社，2010。

企业）活动进行强制减速，并与社会时间实行"强制同步"。这是不现实的，因为提出刹车想法的人将面对十分高昂的社会成本。今天，有谁真的想与现代化和技术进步作对呢？剩下的是第四种预测，也是最令人担忧的一种，尽管提出这一预测的人认为是最可行的：疯狂地迈向深渊。这是生态体系的终极灾难或社会等级的全面瓦解，因为时间加速和反对它的社会力量猛增，造成的弊病会越来越多。

实际上，罗萨和特克尔说的是一回事：明天的社会必须能够在动和静之间，在时间不断加速和人类适应力之间找到平衡，别让对社会提速的抵抗变成一种社会暴力，有人对此已有所预言。尽管不应动辄就对人类、对机构和国家部分恢复控制灾难的能力感到失望，但这种终极灾难的看法也并非空穴来风。必须重新研究时间问题，因为我们还想分成不同的阶段，我们将更公正地去管控它，如同19世纪那样。在未来的社会，机器将比人类快得多。人类要与机器竞赛显然是徒劳的。所以，人类必须扬长避短，不应在设计速度和执行速度上和机器较劲，生命的延长使我们能够重建与时间的关系。迄今为止，人的时间（也是生命的时间）由三个时期组成：学习期、工作期、退休期。第一阶段是知识和技能积累期；第二阶段是财产积累、服役、生儿育女期；第三阶段是享受前两阶段创造的财富。这种结构将逐渐消失。今后，学习阶段所获的技能过时的速度将越来越快。第三阶段（即退休阶段）将越来越长，持续的时间可能超过前两个阶段的总和。这一阶段成为一个有待开发的领域，必须以更大的努力进行探索。

大型企业开始意识到这一新数据并隐约看到未来几年人员结构中"老龄"员工的比例将大幅上升。据《经济学人》杂志的一项研究，2012年成了一个不归点：40年来，欧洲大陆可就业人口（20至64岁）首次减少，这种情况将一直延续到2060年。无论是对政府还是对企业和个人，这种现象产生的影响将是巨大的。"退休"可能成为一个过去的概念。今天，欧洲人停止工作的平均年龄是61.5岁。该研究表明，他们中至少1/3的人表示希望工作到法定退休年龄以后，其余2/3的人希望仍有部分时间工作。①

人生时间的新线性方式势不可当，学习、生产、思考、休息的时期将因人而异。生活、恋爱、学习、传承等活动将不再与年龄有关，而与我们的生活节奏有关。学习期、工作期和退休期将重叠或混在一起。学习阶段将一直

---

① 《未来的75岁会成为过去的65岁吗？应对劳动力老龄化挑战》，《经济学人智库》2014年3月。

伴随我们终生。工作阶段将更长，我们要学会管理生命的最后一个周期（即退休阶段）。这个阶段在我们的人生中似乎来得太早。因为，技术革命的最重要成果之一，就是人的生命将大大延长，长得甚至出乎我们的预料。

再也不会死亡了吗?

一场生物技术革命正在来临。一些人毫不犹豫地将它与海啸相提并论,包括身为医生和Doctissimo网站创始人的洛朗·亚历山大。在他看来,纳米技术、生物、信息和认知科学(人工智能和大脑科学),也就是NBIC①之间的融合可以将死亡年龄无限延迟。纳米技术可通过一个个分子修理人体的组织和器官。数以千计的纳米机器人进入人体,诊断疾病并进行治疗,包括摧毁癌细胞。系统解密我们每个人的遗传基因的费用几乎在所有人的承受范围内(DNA测序今天需要约1000美元,未来将会降至100美元左右),利用基因治疗技术,进行个性化治疗,实施名副其实的基因外科术。生物技术可以阻止细胞老化进程,细胞克隆和编程可以重新制造任何器官。医疗将从修理工角色逐渐转变为预言家和器官制造者,每个病人都可以拥有一项个性化的健康计划。正如洛朗·亚历山大描述的那样,"死亡将成为一种疾病,与其他疾病并无区别"。多

---

① "纳米技术、生物、信息、认知科学"的英文单词首字母。

少岁才会患上死亡症？100岁，120岁，还是150岁？长生不老是否即将成为现实？近几年出现的这些问题属于科幻范畴，它们在巴雅韦尔的《大秘密》一书中以地缘政治的方式被提出过，在当今正在发展的各种技术中，开始有了一些具体的答案①。

不知道这些新技术将以何种节奏在医学领域传播，其中大部分仍处于试验阶段。显然，普及这类技术面临诸多道德、伦理和财政方面的问题。在可使用NBIC技术的人群和其他人群之间，获得这些革命性治疗方式的代价，可能是造成一次比数码骨折更严重的骨折。"不知道何时到来、到来之前往往让身体的大部分功能失去作用的死亡，不再是人类最糟糕的事情。对幸运者来说，自己可以选择死亡（或更确切地说没有死亡），死之前不会出现任何让人丧失活动能力的疾病。最有钱的人可以有两种选择：健康地活着；如果有一天活腻了，可以选择无痛苦地立即死去。"洛朗·亚历山大写道。那时，我们将回到类似于影片《时间规划局》中的世界。在那里，富人可以向穷人购买额外的生命时间，有可能真的万寿无疆。社会对这些新技术的需求可能极其旺盛，这就需要国家找到满足它的方

---

① 洛朗·亚历山大：《告别死亡》，JC拉泰斯出版社，2011。

式,让身无分文的人群也能分享。当今不同国家的平均寿命差距甚大:摩纳哥为89.6岁,日本为83.9岁,法国为81.7岁,中国为75.2岁,俄罗斯为70.2岁,但南非只有49.6岁,尼日利亚为52.6岁,印度为67.8岁。[①]

可能制约基因治疗或干细胞实验的其他障碍属于伦理和宗教范畴,因为此类技术可能改变人类遗传基因,导致克隆和优生学的普遍应用。当然,即使亚历山大医生的预言能够实现,要真正实现所需要的时间也比他预想的要长得多。不可否认的是,得益于新的医学技术,人类寿命将延长,这一前景将引起人类的强烈期待和新的需求,同时也会对社会体系造成财政压力,对此我们仍难以评估。这些是人类将与生命、死亡、工作维系的新关系。

[①] 《世界各国概况》,美国中央情报局,2012。

什么样的活？为谁干？

人机之间有一种古老的历史。18世纪以来，理论家们就两种完全不同的观点争论不休。当一些人揭示机械化对人类的消极影响时，另一些人则对机器普及大加赞赏，把它视为解放工人阶级的一大要素。欧洲历史上很多伟大的经济学家、哲学家、作家都对此阐述了自己的观点，如亚当·斯密、卢梭、米什莱、马克思、恩格斯、李嘉图、圣西门、斯丹达尔、本杰明·康斯坦、梅纳德·凯恩斯、熊彼特，甚至拜伦勋爵。历史学家让-弗朗索瓦·雅里热回顾了这类论争多个世纪来的变化，指出："今天，即使技术研究日益复杂化，对技术的期望继续充满专家们的言论，就像是政治纲领。'革新'成为一个有神奇魅力的词，人们热衷于用它来解决社会问题，应对资源匮乏和气候危机。"工人们曾经破坏机器，就像1675年的英国那样，织布机出现时，纺织工人进行了抵制。1788年11月，法国的法莱斯出现了类似的一幕，2000多名工人拿着木棍，对一台棉纺机大打出手。①

然而，机器总是获胜，没有任何东西能否认机械化是进步的强大动力，它将人类从繁重和危险的工作中解放出来。但它也导致了社会的重大危机，正如凯恩斯1933年所强调的那样。因为，新技术突飞猛进节省的劳动力远远超过其创造新岗位的节奏，造成"技术性失业"。迄今为止，有关劳动信息化对就业影响的研究显示，电脑或工业机器人取代了许多重复性的、不需要太多技能的工种，重复性的东西容易编程，被电脑取代。近年来，第一波自动化浪潮已消灭了大量岗位。据国际劳工组织最新报告，2013年年底，全球有2.02亿人口失业，比上一年多500万。到2018年，失业人数或将超过2.15亿。国际劳工组织估计，接下去的4年，全球每年创造的就业岗位在4000万个左右，而每年进入劳动力市场的人口将达到4260万。2013年，超过7400万年龄不到24岁的年轻人没有工作，占年轻人总数的13.2%，这一比例比24岁以上成年人的失业率高3倍。这是一个历史性的巅峰。国际劳工组织认定的临时工（如个体户或无工资的家族作坊员工）几乎占整个就业市场的48%。还有，8.39亿工人（占总数的26.7%）的日

---

① 让-弗朗索瓦·雅里热：《技术评论——从拒绝机器到主张科技》，发现出版社，2014。

工资不足2美元，而发达国家的失业率最高（平均占可就业人口的8.6%）。

  这些数字实际上向我们说明了什么？说明就业质量在迅速恶化。当然，也有一些宏观经济原因，例如自2008年开始在发达国家延续的危机，因公共财政恶化而受到影响的就业政策（尤其是在欧洲）；东南亚和南亚地区国家快速增长的失业率，这些地区的人口压力最大，而经济增长率却并不比其他地区高。美国经济学家约瑟夫·斯蒂格利茨认为，由美国和欧洲央行实施的低利率和货币政策更有利于资本市场而非劳动力市场，它加速了自动化设备和机器人领域的投资。但是，不能把一切影响都归罪于宏观经济。虽然有理由认为许多国家将摆脱危机，但未来失业人口将继续增加，这揭示了一种新的现象，也就是国际劳工组织所说的"没有就业的复苏"。在这里——亚洲国家，尤其是未来将成为全球最重要工业机器人市场的中国，怎么会看不到自动化的"无形之手"呢？在2014年3月于北京举办的中国发展论坛上，我们可以在ABB集团的一份介绍中看到这样的商品销售说明书："70个机器人制造的产品相当于280名工人的劳动成果，成本减少一半，一年即可收回投资，且质量和精度更高，劳动周期缩短40%。"还有什么能比这更好地说明在人力成本方面出现的通缩压力？

我们前面提到的机器新时代完全可能演变成一种史无前例的"技术性失业"上升，凯恩斯对此早有察觉。两位国际著名经济学家杰弗里·萨克斯和劳伦斯·克特里考夫在2012年12月发表的题为《智能机器与长期痛苦》一文中写道："如果机器日益智能，能取代一般性工作，那会发生什么情况？我们每天都在目睹相关的证据。今天，我们看到了智能机器在收过路费，为顾客结账，给我们量血压、按摩、指路、接电话、打印资料、发信息，给婴儿摇摇篮，为我们读书、关灯、擦鞋，看护我们的房屋，教孩子知识，击毙我们的敌人……这一清单还可以无限延长。毫无疑问，技术从来是一种变化因素，但在今天，这种变化是取代而非补充一般性工作。昨天，机械出租车取代了出租马车，但无论是机械出租车还是出租马车，都需要人来掌控。明天的汽车将自动驾驶，使司机成为又一种消失的职业。"[1]在萨克斯和克特里考夫看来，这些智能机器取代了普通工作，但创造了新的职业，由于这些新职业专业性强，所以报酬非常高。这种情况将进一步拉大收入差距，近年来这种趋势日益加剧，因为10%的美国高收入家

---

[1] 参见美国国家经济研究局网站www.nber.org/papers/w18629。

庭的收入占今天美国家庭收入总额的50%，没有高校文凭的年轻人（60%的美国和法国年轻人属于这种情况①）将越来越难找到有助于提升自身能力的好工作。因此，下一代将面对一个岗位更少、收入更低的世界，导致他们逐步走向无产阶级化。

实际上，自动化的影响似乎更系统。卡尔·本尼迪克特·弗雷和迈克尔·奥斯本认为，由于电脑和其他自动设备日益胜任复杂的、需认知力和非常规的任务，受其威胁的岗位不计其数。两位研究人员在不同类型的工作中采用复杂数学模式和自动概率演算后，得出的结论是：未来10至20年，美国47%的职业可能消失。他们列出了一份涉及702项职业的清单，指出这些职业可能实现自动化，因此近期存在消失的危险。最有可能消失的职业包括散装工、电话营销员、火车司机、银行和保险公司行政人员、电子设备或汽车装配线上的工人、服务员、调酒师、会计师和审计师、出租车司机、几乎所有流水线上的操作人员（如手机和汽车生产线）；最不可能被机器取代的职业包括心理分析师、戒瘾专业人士、应急专家、营养师、舞蹈设计师、社会工作者、考古学家、信息系统分析师和管理员、

---

① 根据法国高等教育部的数据，2012年年龄在30至34岁的欧盟公民35.8%受过高等教育。排在前列的是爱尔兰（51.1%）和法国（43.6%）。

教师、神职人员、微生物专家、工程师、材料专家、作家、生产自动化系统操作人员、数学家、金融专家、理发师、空管人员、复杂软件开发人员、管理人员、演员……在这份或许让人发笑的清单背后，是一个新的工作世界，它分为两大块：一块是让全球经济机器"运转"的高端专业人才（如信息技术人员、数学家、工程师、科学家、分析师、系统设计员、金融专家、管理人员）；一块是所有其他可能被机器、自动设备和机器人替代的职业。未来10至20年，即使机器人产业实际创造的岗位在300万至500万之间，也不足以弥补它所造成的岗位流失。

那么，不能进入机器世界的人将干什么呢？他们中的一部分人将消失在人口的黑夜中。日本是世界上自动化最快的国家并非毫无道理。从现在到2050年，日本人口将从1.2亿下降到9500万，其中40%将超过60岁。根据法国国家人口研究所人口学家雅克·贝隆的研究，2050年至2100年间，日本人口将减少一半，即不足5000万。按照这一速度，到3000年，日本将不再有纯正的日本人。得益于女性就业率强劲上升（到2025年，日本女性的就业率将达到70%），即使劳动力人口不会以这一速度下降，求助于机器人和自动化显然是应对人口下降的办法之一。到2050年，机器人伴侣将照顾日本900万80岁老人和30万百岁老人。另一机器人大国德国也面临同样问题，只是没日本严重：到2045年，德国人口将减少1500万，工程师将长期供不应求，因此自动化是德国保持工业优势的一种选择。另外，2030年至2050年，在人口数量排名前50位的国家中，有40个将面临人口增长，额外增加的人口将达10亿。

因此，必须"创造"工作，至少是开发岗位，以满足不断增加的全球可就业人口的需要。这可能会催生一种新的经济和社会领域，人们称之为"第四产业"，它将加入第一产业（农业）、第二产业（工业）和第三产业（服务业）三大传统产业的行列。法国经济学家米歇尔·迪博纳伊一直在研究"第四产业经济"的概念，它包括信息技术、为财富提供的新服务、个人服务、分享经济、随互联网诞生的新型合作服务业。① 实际上，"第四产业"这一概念需大大扩充，新成员将包括所有未被列入机器新时代管理、领导和控制范围的人。国际劳工组织的一份报告显示，2017年全球失业人数将达到2亿，这并不是说他们将没有事可干。未来年龄在60岁及以上的人口将达到10亿至20亿（根据世界卫生组织和联合国的数据，2015年这一群体约为9亿人口，2025年将为12亿，2050年将达到20亿，

---

① 米歇尔·迪博纳伊：《经济希望——迈向第四产业的革命》，弗朗索瓦·布兰出版社，2007。

其中500万人将年过百岁）。2015年，15至24岁（即将进入就业年龄）的人群约有12亿人，这还不包括20亿从事个体或家族作坊工作的人口（根据国际劳工组织的数字），他们未被任何企业雇用。毫无疑问，这是一场更大的变化，预测相当困难，但显而易见的是，在全球范围内，"第四产业"将覆盖几十亿人口。他们将从事何种职业？答案可谓五花八门。首先是服务领域，让操作机器的人能够享受便利的生活环境。此外还有休闲、旅游、手工艺、创意和艺术领域。我们将看到老人陪伴者、尊巴舞老师和家庭厨师这类行业日益繁荣；通过远程游戏获取报酬的网络游戏大军、各类伙伴、城市中心的生物农业经营者、四处漫游的小丑、要付费的虚拟朋友、古玩制造商、远程或家庭老师、临时导游、生物多样性空间守护者、各种专业治疗师、江湖术士、法师、按摩师、舒适指导师和营养指导师。一些关注公共计划的社区将四处开花，希望在能量和食物方面自给自足。"贩卖幸福的人"这一概念将不断丰富，并催生出一些我们今天仍难以想象的职业活动。

　　从事"第四产业"的人们不会与技术隔绝，他们将利用互联网上的各种资源，并试图扭转近年来形成的逻辑，即人们为"第七大陆"的巨头免费创造价值。以后，他们将试图从中获利，每个人都以自己的方式创建更平衡的交易，发明新的服务报酬形式，不管是所谓的"分配"经济，还是无中介的服务交换，类似于"空中食宿公司"，它将世界各大城市里想要短期出租房屋的群体聚集起来。

这是否能够解决技术性失业所带来的社会问题？答案应该是肯定的，尽管要以资本和技术掌握者与"第四产业者"之间新的资金转移形式为代价。对未来几十年世界变化的许多研究都很重视处于"操作位置"的人（其职业技能和报酬不断提高）与其他人（被动参与机器新时代，技能和报酬将无情下降）之间日益加大的差距，即萨克斯和克特里考夫描述的逐步排挤现象。2014年3月，一个由美国国家航空航天局资助、美国国家科学基金会杰出数学家萨法·莫特斯沙瑞领导的数学家、社会学家和自然科学家小组完成了一项重大研究，对工业社会的未来做出了一种令人担忧的结论。基于曾导致古代文明——无论是罗马帝国还是中国汉朝没落的理由，他们推断出对当代世界产生影响的危险因素：人口、水、气候、农业和能源。研究者们认为，当这些因素变为一种让资源难以承受的压力，造成"精英"与"大众"之间的社会分裂时，它们可能会结合在一起引发灾难。今天，"日积月累的资金盈利被精英们掌控，不再向社会分配。而创造财富的普通百姓只得到很少一部分，仅能维持生计"①。然而，可以提升资源使用效率的技术进步本身就是一种消耗能量的怪兽。所以，"精英"们将消耗日益扩大的财富份额，无须和"大众"一样承受资源的减少，继续走在"一切正常"的道路上。显然，这是一种令人无法苟同的悲观观点，希望集体责任意识最终能够占上风。

科学家之间的争论，很大程度上是探究技术革命（新型交流方式、产品和服务价格下降、生活条件改善、解决健康问题的新方法、人的寿命不断延长）带来的好处是否多于其导致的不平等。迄今为止，这些好处似乎不可否认。但明天呢？机器新时代是否会创造一种新的模式？布吕诺尔夫松和迈克菲均认为如此，首先是因为随着时间的推移，技术产品将越来越贵，原因是其性能和智能不断提升；其次是无法获得高附加值和高报酬工作的人群逐渐"无产阶级化"，导致其收入下降或至少停滞不前，影响他们让孩子接受获得一份好工作所需的教育，从而进入一种恶性循环。②当然，他们的观察是针对美国的。美国的一些研究也证实，尽管技术在进步，但社会阶层将长期"维

---

① 该研究发表在爱思维尔集团的《生态经济》杂志上。
② 同上。

持现状"。2013年,经济学家们对涉及3.5万个美国家庭（包括最贫困的和最富有的）1987年至2009年的收入申报进行了广泛研究后得出结论：每个家庭仍处在原来的社会阶层。所以，这是一种结构趋势，近年来的经济危机仍无法对其做出解释。世界经济史上首次出现这么复杂的现象，对未来的一代代人，总之，对不能学习科技课程的人（这些人占大多数）来说，技术革命并非是社会进步的同义词。

当然，一切取决于这场新技术革命到来的节奏。机器人不会在几年间就取代人类，所以，我们仍有时间让自己适应这种变化，从现在就开始思考如何协调机器人进步与劳动者希望找到好工作、提高工资的愿望。结论很清楚：国家必须通过加大教育投入，才能应对世界的变化。美国用MOOC（慕课，大规模开放式在线课程）的长足发展给出了路径，今天该国最好的大学，包括麻省理工学院，都在实施这种教学方式。这种新型教育形式体现了两大优势：大幅降低了教育成本，并在师生间创建出一种可持续的关系。但这种教育方式也存在一种风险，即大幅压缩积累经验的时间。不可能仅在互联网上听听课就能成为外科医生。MOOC名义上加快了课程进度，实际上降低了教育质量，学生及其未来雇主将因此偏离方向。在这类技术得到广泛传播并让越来越多的年轻人得以接受高等教育（大约需要几年）之前，各国（尤其是欧洲国家）应鼓励一场真正的教育革命，让政府投入更多，学校课时增多，学生学习时间变长，对学生和老师进行更严格的评估。这些措施显然不受欢迎，而且会面临几乎所有人的反对，尤其是在法国。但是，如果这些措施既不纳入未来技术革命的背景中，也不能成为避免社会更严重分化的必要举措，从中期来看，可能会让大多数人成为机器人的补充。因为机器人可以夜以继日地学习，它们在接受新知识方面几乎没有限制，甚至可以彼此传递知识。一切都环环相扣：一种能应对未来技术冲击的高质量教学，能使更多年轻人接受新的机器文明，激发出高新技术的创新活力，我们明白，这就是创新的动力。

  我们清楚地看到，这一切是如何动摇国家的传统作用的。几乎所有国家都处在身份和使命的危机中。近几年来，如果说现在的思维方式在加速，在明天的世界里国家将变成配角，成为为"第七大陆"巨头的利益而逐步放弃部分行动方式的组织，它们拥有机器人这一私人军队，日夜看守着自己的帝国（包括服务器园区设施、能源生产中心、无人机工厂，等等）。然而，"民用"监视无人机和军用无人机的区别，仅限于几个信息程序和一个易于安装的导弹群。负责监视大楼出入人员的机器人和机器人士兵之间的差别就大得多。谷歌以近似象征性的方式，收购了包括军用机器人在内的机器人制造商，脸书也有收购无人机制造商的计划，这表明它们想为自己的虚拟帝国增添扩张和保护手段，可以说是帝国的使命。目前，它们借口改善人类生活，为这些举动辩护。如果说脸书考虑掌控泰坦航空（Titan Airways）①，是为了部署1.1万架高海拔太阳能无人机，让非洲人也能上网，这一名为"Internet.org Initiative"的计划由私人企业（脸书、三星、诺基亚、爱立信、高通股份等）实施，则正是旨在覆盖20亿至30亿仍未上网的人群，让他们也能连接互联网。马克·扎克伯格在CNN（美国有线电视新闻网）的一次采访中表示："他们将利用它来选择自己想要的政府。"一句看似微不足道的话，道破了"第七大陆"大佬们赋予自己的近似救世主的使命。这让某些研究人员，比如英国历史学家、哈佛大学教授尼尔·弗格森因此预言，国家将随时没收"第七大陆"。他说，因为"在漫长的历史中，从来没有一个国家会让非国家夺取政权"。

---

① 《为什么泰坦航空愿意卖给脸书？》，科技博客网站，2014年3月4日。

还有一种风险，国家迟早会扮演慈善组织的角色，负责从新的技术巨人身上收集资源，将它们重新分配给"第四产业"从事"玩家—失业者"职业的人们，就像亚瑟·克拉克预言的那样。今天，国家已被技术巨人们的强劲崛起所超越，它们拥有真正的公债，巧妙利用不同的国家税务条例。如果研究人员的这些预言一一实现，就得给越来越多不"工作"的人发工资，所以必须找到新的资源。有关这方面的想法层出不穷，尤其是美国，它认为有必要对高薪人员甚至包括对资本征收更多税费，解放富余劳动力，以避免"精英"和"蓝领"之间的鸿沟继续加深。否则就回到了初始的资本主义：大量财富集中在资本持有者手中，被技术进步淘汰的人逐渐贫困化。

除非国家视而不见，否则这种局面不可能在不造成严重混乱的情况下被人接受。很多研究表明，近些年来财富分配日益不公（英国非政府组织乐施会在2014年1月达沃斯世界经济论坛年会上公布的一份报告[①]称，85名亿万富翁掌握的财富超过了35亿穷人的财富总和）。未来，如果这种差距进一步拉大，全球不稳定将越来越可能成为一种现实风险。1%最富有的人掌握全球一半的财富，这样的体系又能如何保证持久呢？

---

① 参见http://www.oxfam.org/fr/policy/finir-inegalites-extremes。

"轻足迹"与明天的人类

在新的机器时代，如何既保证人类生存又保证他们幸福？好像今天对这一问题并没有最终答案，但风险却明确无误：这场技术革命的经济和金融基础太过强大，所以不会停下来。它将带来的技术性失业比例，目前人们还无法估测，但无论是在发达国家还是在新兴国家，这种状况可能都会持续下去。国家的作用是保护国民免受经济和社会的冲击，然而它们将越来越难以承担起这一任务。接受高等教育和高级培训是避免进入经济学家所谓的"贫困陷阱"的决定性条件。这种陷阱的特征是社会出现某种形式的胶着，精英将继续生产精英，其他人因缺少资源和足够的知识，处境难以改变。互联网将继续为所有的人提供拥有"一切"的幻想，包括产品、服务、物体、社会身份、文化，就像某种形式的世界大市场。在这里，网民既是顾客，又是产品。网络将成为一种真正的社会毒品，因为它将通过脸书、推特、短信或照片，制造出一种假象，即"第四产业"的人们继续认为自己有用武之地、可以工作。

然而，面对这些变化，认为人类将会一无所有是不切实际的。为应对机器人和自动设备的智能，人类将采取迂回战略，大规模投资机器人无法涉足的领域，如创作、行业联合会、社交、哲学、环境、生活领域、爱他人、信任等。人们大可不必担心：我们不会爱上机器人，即便它们是我们的生活或工作伙伴。在人机之间，不会有任何"人际"关系，更不会产生我们对宠物或崇拜物的那种依恋。一些研究人员试图用相反的事实说服我们，甚至进行了试验，想让机器人懂得情感并表白。在2013年的一部影片《她》中，导演斯派克·琼斯描述了一个发生在不远的将来的故事，他将一个遭受爱情打击的男性搬上了银幕，这位男性购买了全球第一个"智能"操作系统OS1，它能发出女性的声音（萨曼莎，由好莱坞女星斯嘉丽·约翰逊配音），可以适应主人的情绪和精神状况。她先是充当其助手，接着想学他的一切。男主角因此坠入情网，这是一种将被"分享"的爱情。毫无疑问，这是很有独创精神的剧情，但仅此而已。无需成为伟大的人工智能专家就能明白萨曼莎实际上破译并分析了男主角的语言，通过巧妙的演算，准确地说出了他想听的东西。实际上，他是在和自己对话，这部影片首先影射的是人类面对机器时的寂寞。

我们完全有理由相信，人类不会掉入这类陷阱。人工智能将推动源于军方和企业"轻足迹"战略的新举措，就像有效利用技术一样，不是把它作为奴役人类而是解放人类的一种工具。人类将逐渐放弃占有"一切"的欲望，采取一种"数据友好"态度，就像生态领域的"环境友好"态度一样，减少网上的各种冲浪，减少痕迹，因此也减少数据。目标广告在经历一段黄金期后，可能会停滞不前，因为这类广告令人不胜其烦。网民们将设法避开它，弄乱上网痕迹，迷惑大数据的分析人员。要想在这场信息革命中找到自己的出路，必须成为独一无二的"特种兵"，有能力、灵活机动、训练有素、行动果敢，能同时实施多项计划，打理各种业务，从事不同职业，将序列模式换为平行模式。日本人创造了一种特殊概念——"现场"，指发生行动的战略场所。在侦探系列片中，犯罪地点就是"现场"，也就是发生一起特殊事件的场所。在企业，"现场"是创造价值的地方，是在实际运作中尽可能完美地展示知识的地方。日本"生产管理教父"大野耐一将"现场管理"理论化[①]，20世纪90年代，他在丰田公司引发了汽车生产界的一场革命。未来，每个人都必须利用这种"现场管理"，即通过一系列准确的程序，高度重视工作质

[①] 大野耐一：《工作场所管理》，麦格劳-希尔公司，2013。

量，潜心开发自己的多学科工具，培养融入小组的实际能力。无论肩负何种使命，也不管是在职业生涯中还是在个人生活中，拿出自己的真本领，在本职工作中追求完美，将"轻足迹"战略的其他特征应用到我们自己的行为中也十分重要，如联盟，明天的企业将围绕一种新型联盟网运转，众人拾柴火焰高（中国人著名的1+1=11战略）。社交网络是假联盟，不能实际操作，它们与"现场管理"没有任何关系，也不创造实际价值，用户彼此间缺乏信任。这类网络仅仅是我们虚拟身份的窗口，是诱人上当的圈套。要应对机器人和自动设备世界，必须组建真正的、非虚拟的牢固联盟，它们将超越个人的知识和技能，创建一种人类技能"指数函数"以应对机器技能的"指数函数"。信任将成为一种新的共同货币，比互联网的虚拟货币"比特币"更加坚挺。

孙子的致命武器仍是个秘密。在一个监视系统无处不在的社会，无论是个人还是企业，都必须学会隐蔽自己，必要时能保守"自己是谁""正在准备什么""打算做什么"等秘密。保守秘密并不意味着与世隔绝或放弃任何交流工具。秘密同样是提供给外部世界的一种诱饵、一种欺骗，就像人们以虚拟身份出现在互联网上一样，目的是更好地保护其真实身份。机器人和机器从不具备研究我们灵魂和内心的能力。为更好地监视我们，即使让蜻蜓无人机隐藏在树杈上也是徒劳，它们不总是能分清眼前到底是全息图（空中3D图像）还是现实存在。

重温人类的智慧

有一个领域是机器尚未涉足的，这便是人类历史的记忆。机器人没有进入任何历史，哪怕它们能够"思考"，也只能依靠人类灌输的算法在精准程序下运行。机器人永远不知道何为人类智慧，即使人们在其内存中上传自人类起源以来所创造的全部哲学和文学。从理论上来说，尽管大数据给它们提供了可能，但一旦涉及自身存在时，它们就不知从中吸取何种教训。我们已经从圣人声称自己能拥有整个人类知识的旧世界，进入了一个人类被淹没在海量数据中的新世界。

人拥有这样的本领，他能潜入历代的智慧中，找出命运的方向，尤其是在动荡或混乱时期。近年来，中国的儒学出人意料地重新活跃并非毫无理由。旧的社会秩序遭到严重破坏后，必须重拾中国古人的智慧，重新赋予意义和价值，为中华民族指明新的方向。生活在公元前551年至公元前479年、东周时期（春秋阶段）的孔子，他与学生的零星言行被记录下来编成《论语》传承至今。孔子教人善良、仁义和道德。"学而时习之，不亦说乎！有朋自远方来，不亦乐乎！"然而，"孔子以友情为基础，在封建社会开启了一种全新的师生关系，而此前都是强行规定的从属关系。"著名汉学家让·列维在他为这位中国大师撰写的专著①中写道。在孔子看来，如果必须由诸侯治国，就必须研究古人治国的方式："子曰：'古者民有三疾，今也或是之亡也。古之狂也肆，今之狂也荡；古之矜也廉，今之矜也忿戾；古之愚也直，今之愚也诈而已矣。'（意为：古代人有三种毛病，今人恐怕连这三种毛病也不是原来的样子了。古代的狂者不过是肆意直言，不拘小节，而现在的狂妄者却是放荡无礼，毫无顾忌；古代高傲的人不过是棱角分明，难以接近，现在那些高傲的人却是凶恶蛮横；古代愚笨的人不过是直率一些，现在的愚笨者却是狡诈无赖啊！）"②按照中国的历史传统，孔子既非诸侯，也非哲人，而是一个行政官，负责给统治周边邦国的诸侯们进言。他是衰亡时期的一位历史记录者，为了能够生存下去，公开提出一种主张，认为心地正直是高素质的特征。法国汉学泰斗艾田莆认为，如果孔子"和严格意义上的道教徒一样，承认最聪明的做法可能是隐居深山，那他认为求其次

---

① 让·列维：《孔子》，皮格马利翁出版社，2002。
② 《论语》第17卷，伽利玛出版社，1987，第16页。

就是改变世界"①。孔子认为，"世风日下，人心不古，诸侯渎职，故民不知好歹之别，只有一种方法：'让一切名副其实。'一旦概念确定，高素养之人就会永远遵循言行一致。如果父行父为，子行子事，一切就会有条不紊。如果子用父名，行父为，世界就会乱套。"艾田莆写道。

《论语》具有某种政治意义。汉学家程艾兰认为，这些文章在汉朝，更准确地说是在西汉时期就已广为流传（或被修改过），这一时期要围绕中央帝国建立起一种新的社会政治秩序。新的建设需要从古代的智慧中汲取合法的成分。这似乎与当今中国发生的情况非常相似，政府希望保持稳定和可持续性，重提崇尚美德、诚信、尊重、担当，向人民群众倡导一种不仅仅是致富欲而且是精神强大的社会愿景。但程艾兰明确指出，"孔子只是一个精彩的失败者，一个流浪的哲学家，一些人甚至视他为知识界的罗宾汉，希望在一个鄙视人类价值的世界里捍卫它们。"②如果不跟随时代潮流而抱着这些人类价值，明天的世界可能会很残酷，因为它涉及人类在机器社会中的地位。无论是昨天还是今天，孔子捍卫的价值仍是人类社会最基本的东西，由于没有充分地发扬光大，所以混乱产

---

① 《论语·前言》，伽利玛出版社，1987。
② 程艾兰2013年2月在法兰西学院讲课时的演讲。

生，社会分裂。

在西方，儒家思想有点类似于启蒙时代的哲学。而且，由耶稣会会士翻译并传播的孔子的教育思想在17世纪的欧洲掀起了一股热潮。孔子在西方起到了一种不可忽视的作用，因为在罗马教廷内，在耶稣会会士与对手的权力斗争中，孔圣人也成为借口和论争焦点。百科全书派反讽地用它来反对宗教。伏尔泰教堂就端放着一张孔子的画像，弗尼主教喜欢在他面前冥想。让·列维写道："在18世纪思想自由的人士看来，孔子是宽容和理性的象征。"①启蒙时代也是一种文明冲突的产物，也就是说一个即将结束的世界（神权君主政体的世界、社会阶层一成不变的世界、愚昧的世界）与新世界（科学的世界、道德价值的世界、分享知识的世界、人与人之间出现新型关系的世界、不屈从于神权的世界）之间的冲突。然而，在机器文明中，人类非常需要维护某种形式的利他主义、尊重并聆听他人。现代经济科学之父亚当·斯密在《道德情操论》中也在关注这一问题，该书比他的另一著作《国民财富的性质和原因的研究》要早16年。"在他的天性中，总

---

① 程艾兰2013年2月在法兰西学院讲课时的演讲。

会有那么一点原则。无论人们认为某人怎样自私,这个人的天赋中总是明显地存在着这样一些本性,这些本性使他关心别人的命运,把别人的幸福看成是自己的事情,虽然他除了看到别人幸福而感到高兴以外,一无所得。"《道德情操论》这样开头。在资本主义的整个历史中,这一观点几乎一直被证明是正确的。今天,"赠予誓言"运动就是一个例证,全球最富有的100多个个人和家庭承诺将他们的大部分财富捐献给慈善组织①。即使只是一种道德承诺而非一份合同,此举也是最富有者关注最不幸者所遇困难的一种象征。全球每年都有数以亿计的个人对人道主义事业默默奉献,这些亿万富翁或许只是以他们为榜样。

但是,捐款并不能解决所有问题。让他人幸福,首先要承认他是一个平等的人,听他倾诉,对他表现出道义感,关注他、同情他、"以礼待之"。就像历史学家菲利普·雷诺所说的那样,敬意和礼貌问题是启蒙时代的哲学焦点。伏尔泰、卢梭、休谟、康德就此撰写了大量文章,有时就象征人际关系进步的"客套"和礼貌的重要性展开笔战。举止有礼就是把人与人之间的关系建立在相互尊重和相互关心而不是等级的基础之上。"交谈"是在学者圈之外传播哲学并将其变为对社会性质和权力组织的一种真

---

① 参见http://www.givingpledge.org。

正考问方式。"这并不是怀念从沙龙中消失的世界,也不是怀念小孩更有教养、大人更有'礼貌'、人民更易统治(或更具公民意识)的'美好的古老时光',而是重温启蒙时期的伟大对话。"菲利普·雷诺写道。他认为,阅读或重读休谟、卢梭、康德或斯塔尔夫人的作品,是一种责疑现代偏见的好方法,因为18世纪哲学家们提出的问题也是我们现在的问题——尤其是在人际关系方面,所以这也是关于礼貌这一概念的问题。让我们引用康德的这句话:"以道德完美推动人类彼此间的交往,不将自己孤立起来,不仅是对自己的义务,也是对他人的义务;不仅将自己作为原则的永恒不变的中心,也将自己的圆圈视为构成涵盖一切的世界公民意向的圆圈的一部分;不只将世界福利作为目的,还要培养间接实现世界福利的方法,包括在社会中培养文雅、良好的情绪,相爱和互敬,给德行添彩;这也是一种道德义务。"[1]

在思考这种观察的正确性时,我们可以从中受益。就像菲利普·雷诺提到的那样,这或许是因为我们身处一种等级观念被打乱的文明中,暴力从此成为一种常见的诱惑,因为在人际关系中我们需要形式主义。无论是在机器之间还是在人机之间,都没有礼节。我们在社交网络的交

---

[1] 康德:《道德形而上学》,弗拉马里翁出版社,1994。

流中，在短信或推特帖子中，同样没有客套。相反，对那些既想肆无忌惮地对他人发泄不满又不想留名的人来说，互联网成了一种宣泄渠道。在虚拟世界中，人与人的交流没有任何"恩赐"，相反，按康德的说法，人们能够以"自己的原则作为不变的中心"。

在这场新的技术革命中，借鉴传统价值并不是走回头路，也不是对旧世界的怀念，而是吸收人类智慧，以应对这场革命可能引发的混乱和无序。这也是在过去和未来之间寻找一种连续性，否则人类将失去方向，盲目前行。这是回归可以促使我们投入新世界的基本价值，是将"文化"作为中心参照点，变成在未开发领域引导我们前行的指南针。

人类要想在这个机器新时代幸存下来，不管智力水平如何，都必须生产它们永远无法生产的东西：对他人的爱、幸福、幽默。迄今为止，世界上任何实验室都无法制造会笑的机器人。机器世界没有玩笑，只有不懈工作；没有娱乐，只有"制造"。它们并不团结，只是"相连"。这就给人类留下了巨大的空间，表明在这个新世界里有我们的位置，而且是举足轻重的位置。如果机器人没有将我们分开，我们必将胜利。

三藏游记

这次面向未来之旅令我浮想联翩。结束机器人世界和"第七大陆"的漫长旅程,在这个你们称之为"第四产业"的新国度(或许是这个世界唯一好客的地方)待了一段时间之后,我想起了西行期间的一次历险。我被一只妖魔逮住,它是一个只能用以下诗句来描述的凶险机器人:

> 面如傅粉三分白,唇若涂朱一表才。
> 鬓挽青云欺靛染,眉分新月似刀裁。
> 战裙巧绣盘龙凤,形比哪吒更富胎。
> 双手绰枪威凛冽,祥光护体出门来。
> 哏声响若春雷吼,暴眼明如掣电乖。
> 要识此魔真姓氏,名扬千古唤红孩。

它把我带到洞穴,让人将我五花大绑,手脚朝天,剥光我的衣物,又派遣小妖找净水将我洗净,想把我炖煮。这机器人妖魔要用酒做调料烹煮智者,我以为我的最后时刻已经来临。当大圣现身洞口呼叫我时，妖魔启动战车——无人机，按金、木、水、火、土五行排序，在洞穴周围喷出火焰。大圣必须使出浑身解数，他立刻来到掌管四海的龙宫，让龙王浇灭火焰。但于事无补，必须让代表王法的观音菩萨施威，因其神奇咒语，最终制服了红孩儿。

在这段插曲中，我看到了类似于我在机器人和"第七大陆"主人那里旅行时看到的情形。机器人想取代人类，因为制造它们的人认为他们的红孩儿更可靠，价格更便宜，却比人类效率更高。在我们称为机器新时代的背后，有一种强大的逻辑关系，技术进步如此巨大，导致这支机器人和自动设备队伍在整个帝国的领地上铺天盖地。而且我还看到，只有高端人才、科学和数学名人、演算高手能在机器世界里找到自己的位置，获得与其才能相称的报酬。至于其他人，即被自动化设备夺走工作的人，必须发明新的职业，要么成为玩家，要么陪伴老人，要么待在自己的家中用国王，更可能是使用机器人的公司给他们发放的生活补贴，让他们能够继续购买工厂在云中制造的产品。否则，这个美妙机械将彻底完蛋。而且，我还看到一些实验室在研制能独立思考、表达情感、进行授课甚至能够谈恋爱的机器人，目的是让它们夜以继日地陪伴那些孤独、年迈、患病或闲得无聊的人群。在这方面，我承认自己确实感到困惑。如果"第四产业"的人不能对他们因疾病和岁月而日渐衰弱的血肉兄弟施以援手，帮助他们，与他们交流，向他们传授知识，为他们备餐，与他们玩耍，用珍贵木材或黏土制作成百上千个小玩具美化他们的住所，还有什么用呢？只有人才能让另一个人精神振作。鉴于我掌握了一些有关自动化的新知识，如果有人问我对机器人在未来的作用有何看法，我坚决认为：我们对工业机器人不能怎么样，但对于家庭机器人，必须加以驱逐。否则，人类将被迫陷入孤独和孤立中。

让我们重温一下孔夫子的教诲。他说："君子有九思：视思明，听思聪，色思温，貌思恭，言思忠，事思敬，疑思问，忿思难，见得思义。"这些原则似乎同样适用于我们的世界。弟子子张问孔子："何谓四恶？"孔子曰："不教而杀谓之虐，不戒视成谓之暴，慢令致期谓之贼，犹之与人也，出纳之吝，谓之有司。"这就是不应将智者炖煮的原因。

在游览你们的领土时，我给自己提出了这样的问题：你们的观音在哪？你们的王法在哪？谁来颁布它？谁来捍卫它？你们未来的土地让我想到了春秋时期，即孔子生活的那个年代，诸侯混战，民不聊生。我看到，美国在与其他强国竞争，似乎没有人能掌控权力。我似乎感到，这是一个巨大的危险，因为没有最高王法，地球将任凭红孩儿摆布。

结 论

法国会是"第四产业"的乐园吗?

未来世界的"版图"将逐渐贴近"现实"世界。地球上的所有国家、所有地区将与这场技术革命和机器新时代利益攸关。如果人们同意经济发展是线性的观点，那么，只有达到发展最高阶段（即大众消费社会）的国家才能从中受益，就像华尔特·惠特曼·罗斯托在20世纪60年代论述的那样[1]。然而，现实没那么简单。20世纪著名经济历史学家亚历山大·格申克龙创立了一种反理论，按照这一理论，经济落后的国家可以跨越这些阶段，弥补发展差距。毫无疑问，最明显的例子是明治时期的日本和一战后的苏联。但在目前的技术革命中，许多国家仍处于极

---

[1] 美国经济学家华尔特·惠特曼·罗斯托（1916—2003）创立了一种经济发展理论，他的《经济增长阶段》（1960年出版）一书在1960年至1970年影响深远。他在书中确立了发展的五个阶段：传统社会、腾飞的先决条件、腾飞、成熟阶段和大众消费时代。

端落后阶段，所以，如果这些国家希望在未来二三十年内赶上时代发展的步伐，就必须跨越中间几个阶段。脸书公司的无人机计划就是最好的例子，其目的是要让处于发展中、连最基本的电信基础设施都没有的国家能够连接互联网。中国从廉价劳动力经济快速进入机器人高技术工业则是另一个例子。要评估国家适应这种新技术和社会形势的能力，必须考虑各种因素：人口、科研创新潜力、教育体系现状、现行经济政策，还有社会状况、对未来的看法、在集体项目上的号召力，以及国家的经济、金融、税务和社会架构的灵活性和原则性。相对而言，技术"生产国"已基本确定，包括美国、日本、德国、中国、韩国。原料（为明天的技术工业联合企业提供能源并供养地球上的居民）的重要储备地也已确定：非洲、俄罗斯、波斯湾、巴西、挪威。为上述两类国家和地区的财富流通提供便利的大型金融中心也已家喻户晓：纽约、伦敦、法兰克福、上海、香港。世界经济活动的重点可能会围绕技术、原料和金融这三种附加能力而形成。这一组织形式将逐步替代我们今天了解的组织形式——把工业化国家划为一边，将廉价劳动力国家划为另一边。因为生产活动实现机器人化，将导致劳动成本的暴跌。

但是，所有国家，尤其是未来几十年就业人口激增的国家，将面临"技术性失业"问题，这些国家主要分布在非洲、亚洲、地中海沿岸和欧洲的一些地区。如果它们想避免工资缩水（萨克斯和克特里考夫对此尤其担心），就必须永远创造新的活动，发明新的就业形式，简而言之，迎接第四产业的新纪元。必须坦言的事实是，目前没有人真正关心这一问题，尽管道理大家都明白：我们谈论的这一时限超出了政治日历，它涉及的是未来一代代人。"从长远看，到那时我们所有人都已不在人世。"凯恩斯写道。不幸的是，这一说法广泛流传……问题是，未来的人类将活过百岁，他们必须承受其领导人缺乏远见的决定所带来的后果。

在这种背景下，未来几十年法国的路径是什么？必须承认，目前法国仍在寻找自己的道路。今天，法国已经意识到自己正处在一个十字路口。面对失业和危机它可以任由自己逐步陷入消沉，一些正在兴起的民粹力量宣扬的自我反省将是第一个症状；它也可以冲破牢笼，超越陈旧的意识形态斗争，利用自己掌握的各种优势，奔向未来的世界。

今天，通过政治领导人的讲话，人们可以清楚地看到，法国仍在两种选择中举棋不定。一方面，它试图保留自己的社会模式（社会开支实际上未列入法国总统弗朗索瓦·奥朗德的责任条约中）；另一方面，尽管法国不具备其主要竞争对手（包括美国、中国、德国）的财力，但仍试图在未来技术中倾尽全力。即使那些言论是发自内心的，愿望也值得称赞，却难以让人摆脱如下印象：我们对未来的预测缺乏热情和清晰的认识。法国为工业岗位做的努力令人钦佩，但这场战斗是否足以应对工业4.0的挑战呢？

2014年4月，法国职业技能研究与探索中心就当时法国年轻人的就业情况发表了一份令人担忧的研究报告。2013年，在3.3万名调查对象中，22%的年轻人毕业后仍在找工作，达到该中心自20世纪70年代以来此类研究的最高比率，尽管当代年轻人的文化水平高于他们的前辈。这项研究工作的最重要成果是，毕业文凭比以往任何时候都更值钱。2007年至2013年间，在失业长达3年的年轻人中，没有大学文凭的上升了16个百分点，而受过长期高等教育的只上升了3个百分点[1]。持有职业技能证书或职业教育证书的人群失业率为32%，在高校毕业生中，只有工程师和医生没有受到危机的冲击，文学、人文科学、管理专业和两年制法学硕士毕业生最容易失业（2013年为12%）。

这些数字部分反映了与目前欧洲经济危机相关的经济

---

[1] 《世界报》2014年4月9日。

动向。但是，它们也表明了一种趋势，我们在本书中参考的大部分研究资料表明：在未来20年，收入将向科学家和工程师倾斜。除非能够说服大家都学习科学（这自然是幻想），否则，工作和收入问题将日益尖锐。所以，必须改变视野，考虑让法国去研究价值创造的其他活动、其他专业，提升它在科学和工业领域的现有能力。

法国有哪些传统优势会受到未来的技术和社会冲击呢？首先是在未来关键领域享有国际盛誉的科研潜力，如健康、新能源、机器人、航空和空间、生物、农业，当然还有空气质量、空间、国土、文化遗产、创新能力等。所以，法国现在处于价值链的两端：一方面是科学（包括人文）和技术，另一方面是地理、气候和文化特性。所以，应该把这两方面连接起来而不是分为两个世界，但人们太倾向于将它们分别对待。不应将实验室和研究中心里的法国与风景、土地和博物馆的法国相对立，它们实际上是一回事。对法国来说，发展"第四产业"是一次历史机遇。由于掌握了医疗新技术，且作为世界上旅游吸引力最大的国家之一，法国或许能成为一个国际护理、治疗和康复中心，对所有能享受高端服务的人群开放。一些国家如印度和泰国已开始探索这条道路，法国为什么不行？法国的技术和科学潜力远远超过它们。某些人肯定会冷嘲热讽地说："想接待全世界的病人，这对法国是多么美好的前景啊。"实际情况并非如此，人的寿命在延长是事实，全世界的"百万富翁"在增加也是事实，尤其是新兴国家。这并不是说，法国根据这两大趋势，以高科技护理中心、高水准的食宿条件以及诸多优秀的关键能力创造一种新财富，它的名声就会下降，因为医疗机器人一定会继续发展，这将使法国可以提供更丰富的服务，其他国家也在发展这一产业。

至于法国的文化遗产，如果能找到利用它的新形式，这将是巨大财富之源。而且，只有身处异国他乡，才能更好地了解这一切。法国的名气远远超出人们的想象，特别是在新兴国家新一代的中上等阶层中。把法国变成一个亿万富翁的"保护区"不是问题，问题是面对更年轻的新居民，如何进一步开发法国能提供的各种资源，包括文化、历史、地区宝藏、土特产、工艺品、景观、农田等，研究出让世界上这些独一无二的"可就业人口"创造出更多财富、服务和新岗位的良策。这并非仅仅是吸引更多的游客，而是用法国的文化遗产创造出高附加值的新活动。不久后，空间、水和清新空气将成为日益受追捧的无形资产。法国既不缺空间，也不缺水和空气，然而农村人口越来越少，整座整座的村庄荒废，生物农业难以为继，由于后继无人，手工艺技能正在消亡。这些宝藏不仅要保护，而且要以富有想象力的形式，创造价值和工作岗位，对希望了解它们的人全面开放，让它们产生效益。法国对自己身为启蒙运动的发祥地深感自豪，并因此闻名遐迩，尤其是在中国，人们重新发现了伏尔泰、卢梭和托克维尔。法国人应努力把本国变成"圣贤之地"，对文学和哲学遗产实施多媒体教学计划；应向世界大型企业总部推介劳工计划和"感受启蒙运动之旅"，让法国成为名副其实的赢利中心。这里只是列举了几个可能的方案，若要实现，必须在法国每个地区深入实施，让每个国民都能摆脱束缚，发挥巨大的创新力和想象力，全面对外开放，放弃自私念头和保护法国财富免受"他人"觊觎和惦记的想法。未来几十年，利他主义不仅不过时，而且具有现实意义，法国或许能成为一个鲜活的例子。而且，此举还能为法国创造意想不到的财富。这将是一着妙棋，不仅能让法国在机器人时代幸存下来，还能让它成为未来世界的典范和未来居民的港湾（工作现场）……